从巴斯德谈微生物学

刘枫　主编

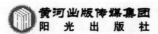
黄河出版传媒集团
阳 光 出 版 社

图书在版编目（CIP）数据

从巴斯德谈微生物学 / 刘枫主编 .–– 银川：阳光
出版社，2016.7（2022.05重印）
（站在巨人肩上）
ISBN 978-7-5525-2782-7

Ⅰ.①从… Ⅱ.①刘… Ⅲ.①巴斯德，L.（1822–
1895）–生平事迹–青少年读物②微生物学–青少年读
物 Ⅳ.① K835.656.1–49 ② Q93–49

中国版本图书馆 CIP 数据核字 (2016) 第 178980 号

站在巨人肩上　从巴斯德谈微生物学　　　　刘枫　主编

责任编辑　贾　莉
封面设计　瑞知堂文化
责任印制　岳建宁

黄河出版传媒集团
阳光出版社　出版发行

地　　址	宁夏银川市北京东路139号出版大厦（750001）
网　　址	http://www.ygchbs.com
网上书店	http://shop129132959.taobao.com
电子信箱	yangguangchubanshe@163.com
邮购电话	0951–5047283
经　　销	全国新华书店
印刷装订	天津兴湘印务有限公司
印刷委托书号	（宁）0020154

开　　本	710 mm×1000 mm　1/16
印　　张	8.25
字　　数	132千字
版　　次	2016年7月第1版
印　　次	2022年5月第2次印刷
书　　号	ISBN 978-7-5525-2782-7
定　　价	35.80元

前　言

　　哲人培根说过:"读史使人睿智。"是的,历史蕴含着经验与真知。

　　科学的发展是一个漫长的过程,一代又一代的科学家曾为之不懈努力,这里面不仅有着艰辛的探索、曲折的经历和动人的故事,还有成功与失败、欢乐与悲伤,甚至还饱含着血和泪。其中蕴含的人文精神,堪称人类科技文明发展过程中最宝贵的财富。

　　本系列丛书共 30 本,每本以学科发展状况为主脉,穿插为此学科发展做出重大贡献的一些杰出科学家的动人事迹,旨在从文化角度阐述科学,突出其中的科学内核和人文理念,提升读者的科学素养。

　　为了使本系列丛书有一定的收藏性和视觉效果,书中还汇集了大量的珍贵图片,使昔日世界的重要场景尽呈读者眼前,向广大读者敬献一套图文并茂的科普读本。

　　由于编者水平有限,加之时间仓促,疏误之处在所难免,敬请广大读者批评指正。

编者

目　录

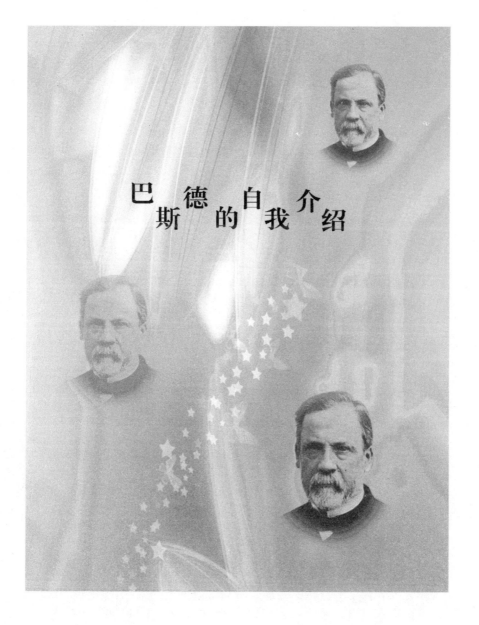

巴斯德的自我介绍

名句箴言

科学虽没有国界，但是学者却有他自己的国家。

——巴斯德

自我介绍

我是巴斯德，1822 年 12 月 27 日我出生在法国汝拉省的多尔镇的一个普通工人家庭。我的父亲是一个没有受过教育的退伍军人，以制革为业。1847 年，我从巴黎师范学院毕业后开始从事化学研究——研究酒石酸盐的晶体。在研究过程中，我发现这些晶体并不完全相同，它们有隐蔽的不对称

3

性,一些结晶是另一些结晶的镜像,正如左手和右手那样的关系(巴斯德在晶体研究方面的成就对立体化学起到了决定性的推动作用。后来,人们发现,巴斯德在采取制备结晶的方法时是很幸运的,因为要得到分离的两种结晶,必须用一种特殊的方法,而巴斯德完全出于偶然,采用了这种特殊方法,在他之后也很少有人能像他那样制出大的不对称结晶来。这正如巴斯德所说,"机遇偏爱有准备的头脑"。——编者)。

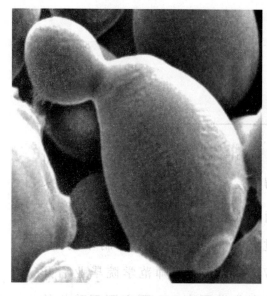

酒精中的酵母菌细胞

在晶体研究方面的成功使我一举成名,也使我接到许多教授聘任书。虽然在化学方面成名,但使我名垂史册的却是我在微生物学方面的成就。

1854 年 9 月,我被法国教育部委任为里尔工学院院长兼化学系主任。在那里,我开始对酒精生产过程进行研究,而制造酒精的一道最重要工序就是发酵。当时里尔的酒精制造工厂遇到一些技术问题,请求我帮助解决。在经过深入工厂考察中,我把各种甜菜根汁和发酵中的液体带回实验室观察。经过多次实验，我终于通过显微镜发现在发酵液里有一种球状小体，它长大后就是酵母菌。

过了不久，在这些小体上长出芽体，芽体长大后脱落，又形成新的球状小体，就在这种不断循环的过程中，甜菜根汁就"发酵"了。我通过继续研究，逐渐弄清发酵时所产生的酒精和二氧化碳气体都是酵母使糖分解得来的。而这个过程即使在没有氧的条件下也可以发生，由此我认为发酵就是酵母的无氧呼吸的过程。所以控制它们的生活条件，是酿酒的关键环节。

在当时，法国啤酒业在整个欧洲很有名，但是在制造啤酒的过程中却经常发生一种怪事：整桶的芳香可口啤酒，变成了酸得让人咧嘴的黏液，只能倒掉，这使酿酒商叫苦不堪，甚至有的因此而破产。1856 年，里尔一家酿酒厂的厂主请我帮助解决这种怪事，看看能不能添加一种化学药品来阻止啤酒变酸。

我答应了他们的请求，决定接受挑战。通过在显微镜，我发现未变质的陈年葡萄酒和啤酒酒液中有一种圆球状的酵母菌细胞，当葡萄酒和啤酒变酸以后，酒里有一根根像细棍似的乳酸杆菌，就是这种"坏蛋"在营养丰富的啤酒里繁殖，使啤酒"生病"。我把封闭的酒瓶放在铁丝篮里，泡在水里加热到不同的温度，试图杀死乳酸杆菌，而又不把啤酒煮坏，经过反复多次的试验，我终于找到了一个简便有效的方法：只要把酒加热到五六十摄氏度，保持半小时，就可杀死酒里的乳酸杆菌，这就是我的"巴氏消毒法"（这个方法至今仍在使用，现在市场上出售的消毒牛奶就是用这种办法消毒的）。

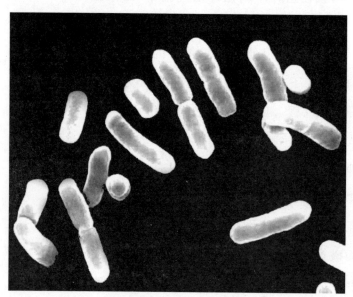

使酒变酸的乳酸杆菌

然而，啤酒厂厂主却不相信我的这种消毒方法，我不急不恼，开始对一些样品加热，另一些不加热，告诉厂主耐心地待上几个月，结果呢，经过加热的样品打开后酒味醇正，而没有加热的已经酸了。

在世人的传颂下，我成了法国传奇般的人物。后来，一种瘟疫几乎使法国南部的养蚕业遭到毁灭性的打击。人们向我求援，我的老师杜马也鼓励我挑起这副担子，而我却犹豫了……

"但是我从来没有和蚕打过交道啊！"我没有把握地说。

"这岂不是更妙吗?"老师杜马鼓励我道。

后来我想到法国每年因蚕的病疫要损失 1 亿多法郎时,我不再犹豫了,作为一名科学家,有责任拯救濒临毁灭的法国养蚕业。我接受了农业部长的委派,在 1865 年只身前往法国南部的蚕业灾区阿莱。

得这种怪病的蚕,让人看了心里很不舒服:病蚕常常抬着头,伸出脚像猫爪似的要抓人;蚕身上长满了棕黑的斑点,就像粘了一身胡椒粉。很多人称这种病为"胡椒病",得了病的蚕,有的孵化出来不久就死了,有的挣扎着活到第 3 龄、第 4 龄后也挺不住了,最终难逃一死。极少数的蚕结成茧子,可钻出来的蚕蛾却残缺不全,它们的后代也是病蚕。当地的养蚕人想尽了一切办法,仍是治不好这种蚕病。

我通过显微镜观察,发现一种很小的、椭圆形的棕色微粒,是它感染了蚕以及饲养蚕的桑叶,我提出所有被感染的蚕及污染了的食物必须毁掉,必须为健康的蚕从头做起。为了证明"胡椒病"的传染性,我把桑叶刷上这种致病的微粒,健康的蚕吃了,立刻染上了病。我还发现,放在蚕架上面格子里的蚕的病原体,可通过落下的蚕粪传染给下面格子里的蚕。

此外我又发现蚕的另一种疾病——肠管病。造成这种蚕病的细菌,寄生在蚕的肠管里,它使整条蚕发黑而死,尸体像气囊一样软,很容易腐烂。

我成功了。其实消灭蚕病的方法很简单,通过检查淘汰病蛾,遏制病害的蔓延,不用病蛾的卵来孵蚕。这个办法挽救了法国的养蚕业。

还有一次偶然的机遇,使我找到了制服鸡霍乱的灵丹妙药。

作为鸡瘟疫的一种,鸡霍乱是一种传播迅速的瘟疫,家里饲养的鸡一旦染上鸡霍乱就会成批死亡。有时,人们看到有的鸡刚才还在四处觅食,不一会儿却忽然两腿发抖,随后便倒了下去,挣扎几下便一命呜呼了。有的农妇晚上在关鸡窝时,还在庆幸地看到鸡安全地活着,而第二天一早鸡却都死光了,横七竖八地躺在窝里。1880 年,法国农村流行着可怕的鸡霍乱,我决心制服这种瘟疫。

为了搞清楚鸡霍乱的病因,我从培养纯粹的鸡霍乱细菌作为突破口,我试用了好多种培养液,断定鸡肠是鸡霍乱病菌最适合的繁殖环境,传染的媒介则是鸡的粪便。我经过多次实验,但都失败了。茫然无序中,我只得放松一下,停下研究工作,休息了一段时间。

休息了几天后,我又开始了研究实验,这时,我发现了"新大陆"——我用陈旧培养液给鸡接种,鸡却未受感染,好像这种霍乱菌对鸡失去了作用。这是怎么回事呢?我顺藤摸瓜,终于发现,因空气中氧气的作用,霍乱菌的毒性日渐减弱。接着,我把几天的、1 个月的、2 个月和 3 个月的菌液,分别注入健康的鸡体内,做一组对比实验,鸡的死亡率分别是100％、80％、50％和10％。如果用更久的菌液注射,鸡虽然也得病,却不会死亡。事情并未到此结束,另外我用新鲜菌液给同一批鸡再次接种,使我惊奇的是,几乎所有接种过陈旧菌液的鸡都安然无恙,而未接种过陈旧菌液的鸡却死光了。实践证明,凡是注射过低毒性的菌液的鸡,再给它注入毒性足以致死的鸡霍乱菌,它也具有抵抗力,病势轻微,甚至毫无影响。

鸡霍乱的预防方法找到了!从这一偶然的发现中,导致了我对减弱病的免疫法原理的确认,使我产生了从事制造抗炭疽的疫苗的设想(虽然在他之前英国医生琴纳发明牛痘接种法,但有意识地培养制造成功免疫疫苗,并广泛应用于预防多种疾病,巴斯德堪称第一人。——编者)。

多年的研究工作,使我总结出以下经验:"意志、工作、成功,是人生的三大要素。意志将为你打开事业的大门;工作是入室的路径;这条路径的尽头,有个成功来庆贺你努力的结果。只要有坚强的意志,努力的工作,必定有成功的那一天。"

19世纪60年代,法国微生物学家巴斯德,首次通过实验和实际观察证明细菌等微生物是传染病的罪魁祸首。

19世纪30年代初,在巴黎一种人称"虎列拉"的恶性瘟疫肆虐流行。虎列拉就是霍乱。它几乎毁灭了整个法国,甚至危及欧洲,导致人口大量减少。光是巴黎,60万居民中,就死了38000人。医务人员确定瘟疫的主要发源地是亚洲的恒河湾,染病的原因之一是饮水造成的,特别是因饮用生水所致。人们再也不喝井水,连泉水也不敢喝了,只能靠酒活命。

有人记录了当时的惨状:当一个人在马路上倒下时,路人不是立即去救他,而是拔腿就逃。护士们赶过来,用带着皮手套的双手,将奄奄一息的不幸者拖走。深夜,再将尸首成批成批地运到郊外,草草地埋掉,以防止老百姓们惊惶不安。就连病人卧具遗物也要毫不保留的烧掉。

当虎列拉这个害人的魔头被科学制服时,人们高兴地欢呼雀跃。在欢喜之中却淡忘了一位著名的科学家的功绩——路易·巴斯德,追踪虎列拉,发现虎列拉致病菌螺旋菌,挽救了芸芸众生,他建立了不朽的业绩。

　　路易斯·巴斯德出生在法国多尔城的一个制革工人家庭，祖上世代都是农奴，父亲是拿破仑军队的退伍军人。母亲没有受过什么教育，但她是一位善良而有自己见解的女人。他们希望自己的儿子将来能成为一个学者或教授。巴斯德从小聪明伶俐，富于极强的进取心，特别是考取巴黎高等师范学校时表现得尤为突出。

　　巴黎高等师范学校是法国人才辈出的名牌学校，培养了一大批世界知名的学者专家。允许报考这所学校本身就是一种荣誉。在进入该校的竞争考试中，巴斯德只排列第 16 位，巴斯德拒绝入学，要准备得更好些再去就读。1843 年，他再次参加入学考试，取得了第 4 名的优异成绩。

　　巴斯德学到的最重要的东西，就是认识到实验手段可以广泛地用以解决各种问题。他对于用实验手段来解决生物学和医学的问题，深信不疑。学生时代的巴斯德，学习成绩平平，但多才多艺，曾喜欢绘画，希望成为美术家。一次偶然的机会听了法国大化学家杜马的学术讲演，激起了他从事科学研究的热情。记得大哲学家维特根斯坦曾经说过："天才并不比任何正派人有更多的光，但是他有一个能聚焦光至燃点的特殊透镜。"巴斯德的特殊透镜就是他一生研究细菌世界的坚韧和执着。

他在巴黎读大学时，主修自然科学。他的天赋在学生时代并没有显露出来，他的一位教授把他的化学成绩评为"及格"。但是巴斯德在1847年获得博士学位，不久便证明了教授的裁决还为时过早。

毕业后不久，巴斯德首先在酒石酸（酿酒过程中产生的一种有机酸）研究中，引起了学术界的瞩目。他推翻了当时的化学权威对酒石酸结晶体的已有成见，得出了酒石酸结晶体同质异晶的结论。用科学的语言说，就是巴斯德首次发现晶体的旋光异构现象。这一结论引起了巴黎大学物理教授普伊雷的重视。在普伊雷的大力举荐下，巴斯德来到巴黎大学，当了化学教授，他以其勤勉和才华博得了学术界的尊敬。

1854年，巴斯德离开巴黎大学，来到法国著名葡萄酒产地的里尔任职。不久，他开始潜心研究发酵，证明了发酵过程是某种微生物作用的结果。他还证明了其他某种微生物的存在会使正在发酵的饮料变为次品。他很快认识到了某种微生物在人体或动物体内产生某种对其不利的作用。这使巴斯德从此踏入了细菌的神奇王国。

里尔，法国酿酒业的中心地区之一。

隔着高高的玻璃窗，里尔企业家比戈先生正在他的办公室里监视院中的卸货。比戈先生看到卸货工作大体结束,正准备下班回家,工厂守门人通过传声筒告诉他,巴斯德先生应邀前来,正在会客室等他。

会客室里,一名差役已经点燃了煤气灯。暗绿色的微光使处在幽暗中的笨重家具显得轮廓分明,那些铜饰品和整齐摆放在餐具橱上的奖杯、奖牌在熠熠闪光。它们是比戈酿酒厂半个世纪以来所获得荣誉的见证。比戈先生在这间会客室里,专门向巴斯德请教甜菜根制取酒精的问题,并聘请巴斯德任工厂的科学顾问。他给巴斯德提供一间装有先进显微镜的实验室,供巴斯德研究使用。

实验室在一幢四层的楼上,是一座光线明亮的玻璃房。实验桌子上放着一台德国造的显微镜,一个条状玻璃板下封着几个小瓶子,分别装着酿酒各阶段中提取出来的样品。

酿酒业是里尔周围地区的主要工业。比戈的香槟酒更驰名欧洲。可是,各个酒厂经常发生莫名其妙的事:本来香醇芬芳的葡萄酒、啤酒突然变酸,工厂因而蒙受巨大的损失。酒厂老板比戈推举这里的化学家巴斯德帮助解决这一难题。

从此,每星期总有好几次,酿酒厂工人可以看见一个戴着夹鼻眼镜,穿着白色羊毛护身大褂的先生出入于他们的车间。他十分细心地了解从原料洗涤机开始,经过切割机切制,最后将甜汁(葡萄汁或甜菜汁)送入神秘的发酵罐中进行发酵的酿酒全过程。他一会儿走到这儿,一会跑到那边,不时地抽取酒样,然后把酒样倒进几只贴着标签的小瓶里,再把这些小瓶交给小比戈(老板的儿子)。

工人们看见巴斯德先生伫立在酿酒器和供给管旁,聚精会神地察看着。由于酿酒过程中酵母的作用,水蒸气和酒蒸气在这里分离。正是在这一阶段,可能发生意外事故:冷却后,人们得到的往往不是酒精,而是一种带酸味的浅灰色的无法饮用的浑浊液体……

了解了酿酒的全过程,巴斯德先生便一头扎进实验室里去了。他用显微镜观察各种过程中的酒,特别是把变酸浑浊的酒和未变酸的酒进行反复的比较,最终发现了问题的关键。

巴斯德发现,当发酵正常时,酵母菌是圆的小球体;酒变质时,小球体消失了,出现了一些杆状体。巴斯德把这种导致酒变酸的细菌叫作乳酸杆菌,并断定酒变酸是乳酸杆菌污染的结果。

症结找到了,巴斯德还发

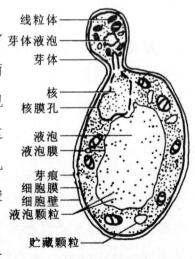

线粒体
芽体液泡
芽体
核
核膜孔
液泡
液泡膜
芽痕
细胞膜
细胞壁
液泡颗粒
贮藏颗粒

酵母菌细胞结构模式图

明了加热灭菌法。巴斯德告诉比戈和酒厂老板们,必须对刚酿好的酒缓缓加热到55℃以杀死酒中的乳酸杆菌,然后塞紧瓶塞,保证酒不再变质发酵。"巴斯德消毒法"使比戈及里尔的酿酒厂消灭了"意外事故",杜绝了酒质变酸的事故。

这些历史性的发现,不仅仅给生物学开辟了一个新纪元,同时也给医学开拓了一个新天地。

在解决了酒变酸之后,巴斯德又应蚕农们的要求解决了养蚕业的蚕病问题。这时的巴斯德已经成为一位闻名遐迩的大化学家。他由酒变酸和蚕病都是微生物所致联想到,威胁着千百万人生命的狂犬病、斑疹伤寒、霍乱、黄热病以及禽畜的瘟疫等,可能也是细菌等微生物作祟的结果。巴斯德要证实这一点,于是又有了新的研究目标。然而,真正促使他走上治疾病的动因,是他终生难忘的那两件事情,改变了巴斯德的生活道路。

在阿莱斯治疗蚕病的某一天夜里,一个农民的人敲响他家的门。正打算就寝的巴斯德在砖石铺地的前厅接待了他:

"我的女儿病了,病得很重。巴斯德先生,您能不能去看她一下?"

"可我并不是医生啊!"

"等我去城里请到医生，我的女儿大约要死了，她喘得厉害……"

"先生，我没有权力给您的孩子治病，因为我只是一名化学家。"

"您不是治好了我们的病蚕吗？"

由于巴斯德治好了法国南部加尔省的蚕病，在蚕病重灾区阿莱斯，巴斯德已成为一位传奇式人物，人们把他看作是一个高明的医师，一位像魔术师一样的能人。

虽然打发走了农民，但他的话却一直萦绕在巴斯德的耳畔。

"您不是治好了病蚕吗？"

葡萄种植者作的论断并不完全对。他没治好蚕病，至多不过指出防止蚕生病的方法罢了。然而，难道不能由此看到更广阔的前景吗？难道不能通过消灭致病细菌、微生物来制止传染病吗？他仿佛听到了那个女孩子的呻吟声。

巴斯德想，首先要发现这些导致人生病的致病菌，然后再让人类远离它们。怎样才能使致病菌远离人类呢？这个问题长期困扰着巴斯德。

当致病菌还没有远离人类的时候，战争却向人们推进了。

1870 年，普鲁士同法国的战争已经将战线推进到巴黎附近。法国北部城市色当沦陷后，法军全线溃退，连法国皇帝拿破仑三世都做了俘虏。战争期间，最凄惨的工作就是救护那些伤员。在塞纳河上，驶过一艘艘长长的轻便帆船，船尾上悬挂着红十字标志的都成了医院。

在巴黎的圣蒙特罗医院，巴斯德看到了上百个伤员等待求治。在外科手术室里，十几个外科大夫组成的手术小组在给伤员做截肢和扩创手术。

在乙醚的麻醉作用下，一切手术都在安静的环境中进行，听不到病人的叫喊声。然而，巴斯德却通过他的显微镜看见了，病菌造成的感染正从一个病床蔓延到另一个病床，从一个伤口传染到另一个伤口。细菌在大量繁殖，使伤口不断化脓发臭，形成坏疽。不到 24 小时，大部分手术病人几乎都被医院手术的通病——败血症夺走了生命。

当时，医院手术人员还没有无菌操作的概念，就连著名的医生都相信细菌的自生说。他们认为"病菌"是在化脓的伤口内自生的：细菌不是引起疾病的原因，而是疾病造成的产物。医生的任务是截去化脓的肢体，根本注意不到手术过程中细菌感染。成千上万的伤员因此而丧生。

巴斯德再也坐不住,他不愿意只作一个显赫的化学家了,他要成为一名医生。他曾经写道:"看来,我非得同时研究化学和医学两种专业不可了!"

细菌到底是生物体内自生的,还是外界传染的,这一问题是研究的关键。如果是自生的话,那么医生不需要无菌操作是允许的;如果不是自生而是传染的话,那么任何涉及人体的操作都必须设法灭菌。

巴斯德时代,没有人怀疑细菌自生的理论。可是巴斯德的研究表明,从来没有表明任何一个细菌是自生的。巴斯德通过实验,制造细菌的隔离环境,就不会发生腐烂现象。

巴斯德用几只颈部细长、容易封口的圆底烧瓶,其中盛上极易变质的液体:啤酒酵母液。然后,用沸煮法消毒,杀死可能含有的一切细菌。当液体沸腾时,他封闭了瓶口,造成了一个绝对纯净的无菌区。只要瓶口封着,能在几个月甚至几年内,长时间地保持不变。倘若打开瓶口,让载有细菌的空气进入瓶内,几小时后,就可以看到液体变质。显微镜显示出,在变质的液体内,细菌确实在大量增殖。他用无可辩驳的事实,证实了自己的观点。

医学界逐渐接受了巴斯德的科学观点,不再重复使

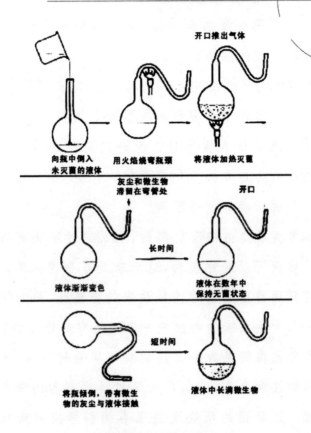

开口推出气体

向瓶中倒入
未灭菌的液体　　用火焰烧弯瓶颈　　将液体加热灭菌

灰尘和微生物
滞留在弯管处　　　　开口

长时间

液体渐渐变色　　　　液体在数年中
　　　　　　　　　　保持无菌状态

短时间

将瓶倾倒，带有微生
物的灰尘与液体接触　　液体中长满微生物

巴斯德的曲颈瓶实验

用脏纱布，手术刀使用时也用火烧一下。最后演变成成套的消毒除菌技术，挽救了无数的伤病员。

巴斯德从事医学研究后不久，就把精力集中到发现各种致病菌的实验研究上了。1878 年夏天，巴斯德确定恶性炭疽病的致病菌为炭疽菌（一种杆状细菌）。不久，又发现致病种类繁多的葡萄粒子菌，它可以引起痈、瘰疽、疖疖、咽喉炎和各种脓疮，它又是世界上散布最广、危害范围最大的细菌之一。

巴斯德并不是提出疾病细菌学说的第一个人，类似的假说以前曾经由吉罗拉摩·费拉卡斯托罗、弗里德里克·亨利及其他人提出过。但是巴斯德通过大量的实验和论证有力地支持了细菌学说，这种支持是使科学界相信该学说正确的主要因素。

如果疾病是由细菌引起的，那么通过防止有害细菌进入人体就可以避免疾病，这看来是合乎逻辑的。因此巴斯德强调防菌方法对内科临床的重要性，他对把防菌方法引入外科临床的约瑟夫·李斯特有着重大的影响。

巴斯德在研究禽类霍乱的病理实验过程中，还发现了动物的接种免疫能力，后来又扩展到畜类的炭疽病免疫方面。巴斯德的研究促进了各国科学家对致病菌的研究。

挪威科学家汉森发现分离出麻风杆菌；德国科学家科尔伯发现了白喉菌；巴斯德的学生用血清提取的菌苗变异物治愈了白喉；德国医生分离出结核杆菌；巴斯德的另一个学生发现了卡介苗，进而永远终止了结核病的流行。

1885年巴斯德发现了欧洲人谈虎色变的虎列拉病

原菌——霍乱螺旋菌，为最终根治霍乱立下了汗马功劳。

在制服炭疽病之后，巴斯德又开始向狂犬病这种危害人畜的疾病开战了。事后，巴斯德回忆他一生研究时，说："我的研究工作并不像某些人想象的那样，是根据某一个一成不变的计划，而是偶然机会造成的：里尔大学的学生，向我谈起他父亲对酿酒的忧虑，促使我研究了酒精发酵……拿破仑三世的命令，又使我承担了抢救桑蚕的任务，现在人家又给我两条疯狗，我就只好研究狂犬病了。"

原来，一个叫布埃尔的军队老兽医，送给巴斯德两条疯狗，希望他研究为什么疯狗咬人会造成人的死亡。

巴斯德知道，它的病源很可能是一种细菌，这种细菌生存在狗的唾液里，从感染细菌到最初病状的出现，这段潜伏期很长。巴斯德将疯狗的唾液注射进几只实验用的兔子体内，后来又用疯狗血液重复上述实验，但结果并不理想，一向十分显灵的显微镜不管用了。后来人们才知道，狂犬病是一种比细菌还很微小的病毒造成的。当时巴斯德用的显微镜还分辨不了这些病毒。

尽管实验研究经历了千辛万苦，最终巴斯德还是证实了，狂犬病毒不仅存在于唾液里，大脑内含有量更高。

虽然,巴斯德还无法分离出狂犬病毒,但是他仍然坚持要制成抗狂犬病的疫苗。

经过 3 个月反复不断地实验,巴斯德在法国巴黎科学院宣布:继虎列拉和炭疽病之后,狂犬病也有了它的疫苗。

1885 年 7 月 6 日,9 岁的梅斯特来到巴斯德的住所,这个孩子被疯狗咬伤手、足、肩和大腿十多处。别的医生诊断后都宣布这孩子无望活命了。巴斯德用他发现的方法给他接种了疫苗,最后小梅斯特在巴斯德的治疗下复原了。巴斯德的第二个病人,也同样得到了成功的治疗。初步的成功,轰动了整个欧洲,人们纷纷把病人送到巴斯德这里,他是世界上惟一能把从狂犬病中挽救出来的人。

1886 年 10 月截止,已经治疗了大约 2500 人,巴斯德估计失败的概率是 1/170。到 1935 年为止,约有51057 人被疯狗咬后在巴黎巴斯德研究院进行了接种,死亡率约为 0.29%。

人类再也不用害怕狂犬病了。

巴斯德在致病原因及抗病疫苗的研究上,取得了巨大成就,成为现代细菌病理学的伟大奠基人。1888 年,法国为了表彰巴斯德的杰出贡献成立了巴斯德研究院。

不幸的是,当时巴斯德的身体已经十分虚弱以致不能亲自在研究院成立典礼上讲话,巴斯德只发表了书面讲话。他说:

"当今,似乎人类社会有两条相反的规律正在激烈地相互搏斗。一条是流血与死亡的规律,它总是设想着破坏性的手段并迫使各民族陷入水深火热的灾难;另一条是和平、工作和健康,它则总在发展新方法并把人类从围困着它的灾难中解救出来。"

为了这第二条规律,巴斯德贡献了他毕生的才华和整个生命。

巴斯德伟大的身躯倒下以后,科学家科赫、艾尔利希、弗莱明、多马克等人前仆后继地向危害人类生命的疾病冲击。人类的健康状况日益改善,人口平均寿命日益见长,这与巴斯德的贡献是分不开的。现在人们仍在缅怀他,他的名字永垂史册。

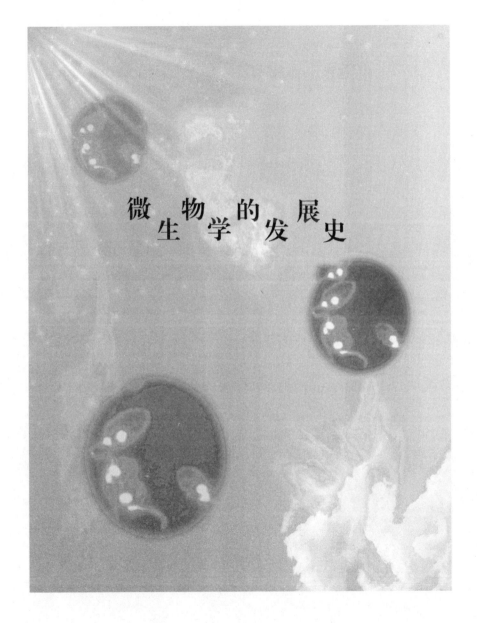

微生物学的发展史

在地球上微生物已经存在了 30 多亿年,而人类在数百万年前出现。人类一直和微生物有着密切关系,不过人类一开始并不清楚一直和微生物生死共处。他们不知道许多疾病是微生物引起的,也不知道发面、果酒和啤酒酿造、牛奶和奶制品的发酵等是那些看不见的小生命做出的贡献。不过,从现存的古代著作中我们看到,还是有一些人曾经觉察倒是某种有生命的物质在起作用。例如在 17 世纪初的我国清代,有位名叫吴有性的医生曾在他的著作《瘟疫论》中认为传染病是"乃天地间别有一种异气所感"。并且指出"气即是物,物即是气"。在没有发现微生物之前,能够这样肯定地预见有某种实体是传染病的病原体,真是难能可贵。

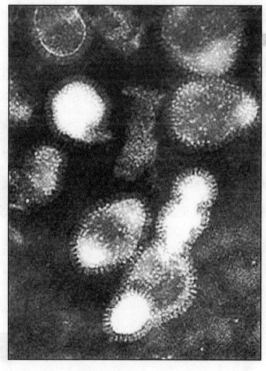

禽流感病毒

自人类出现

之初，就开始了对动植物的探索，可是，对数量庞大、分布广泛并始终包围在人体内外的微生物，人类却长期缺乏认识，其主要原因就是因为它们的个体微小、形体外观不显、种间杂居混生以及形态与其作用的后果很难被人们认识。但人类与微生物打交道的历史却很悠久，且从未间断过，其间有辛酸和痛苦，也有获益和欢乐。例如，鼠疫（黑死病）、天花、麻风、梅毒和肺结核（白疫）的大流行曾夺取了无数人的生命，以鼠疫为例：其在历史上的三次大流行夺取人类的生命大大超过第二次世界大战的死亡人数。2003年，"非典"的爆发夺去了很多人的生命。直至今天，也仍有被称作"世纪瘟疫"的艾滋病正在流行。疯牛病、口蹄疫、禽流感的爆发和流行使畜牧业损失惨重。同时，人类在史前时期就自发地开发利用有益微生物和防治有害微生物。如今，微生物学的基础理论和独特实验技术推动了生命科学各领域的飞速发展，微生物基因组的研究更是促进了生物信息学时代的到来。

微生物学的发展历史可分为五个时期：萌芽期、初创期、奠基期、发展期、成熟期。

名句箴言

一分耕耘，一分收获，要收获得好，必须耕耘得好。

——徐特立

萌芽期

在史前期的漫长岁月里，人类一直和未见到过的微生物频繁打交道，并在微生物的利用和防治疾病方面积累了丰富的经验，而且还有不少创造发明。例如发面，天然果酒和啤酒的酿造，牛乳和乳制品的发酵以及利用霉菌来治疗一些疾病等。其中，在当时应用和认识水平最高的要数我国人民在制曲、酿酒工艺方面的伟大创造。

在8000年前左右的河南新郑县裴李岗文化遗址中,出土了很多石镶、石磨盘及陶鼎等容器,说明在我国新石器时代早期可能就出现曲糵酿酒了。在山东章丘县发现的4000多年前的"龙山文化"的遗址中,发掘到了大量的樽等陶制酒器,说明当时酿酒已十分普遍。2500年前的春秋战国时期,我国人民已经发明了酿酱和醋,并知道用麦曲治疗消化道疾病,此外,在对传染病及其流行规律的认识和对消毒、灭菌措施的利用等方面都有过一定的贡献。

在2000年前,人们已经发现豆科植物的根瘤有增产作用,并采用积肥、沤粪、压青和轮作等农业措施,来利用和控制有益微生物的生命活动,从而提高作农物产量。在北魏贾思勰的《齐民要术》书中,对制曲、酿酒、制酱和醋酿等工艺都有详尽的记载。宋代人民还采用了"曲母"进行接种,并根据红曲菌的生长习性,培养以制造优良的红曲,他们还创造了用人工种痘来预防天花。在900年前,利用自养细菌生命活动的淡水浸铜法已正式用于生产铜。

酒的起源

酒类的产品品种繁多,生产方法也各异,但主要分为酿造酒(发酵酒)和蒸馏酒两类。酿造酒是在发酵后稍加处理便可饮用的低度酒,出现较早,如葡萄酒、啤酒、黄酒、青酒等。蒸馏酒是在发酵后再经蒸馏而得的高度饮料酒,出现较晚,主要有白酒、白兰地、威士忌和伏特加等。

最开始的酒是由含糖物质在酵母菌的作用下自然分解形成的有机物。在自然界中有很多含糖野果,在空气里、尘埃中和果皮上都附着有酵母菌。在适当的水分和温度等条件下,酵母菌就有可能使果汁变成酒浆,自然形成酒。

酿酒的历史可以追溯到史前时期。人类开始酿酒大约开始于距今5万—4万年前的旧石器时代的"新人"阶段。当时人类有了足以维持基本生活的食物,从而有条件本能的酿酒。人类最早的酿酒活动,只是机械地简单重复大自然的自酿过程。

真正称得上的人工酿酒生产活动,是在人类进入新石器时代、出现了农业之后开始的。这时,人类有了剩余的粮食,而后又有了制作精细的陶制器皿,这才使得酿酒成为可能。根据对出进行土文物考证的过程发现,约在公元前6000年,美索不达米亚地区出现的雕刻着啤酒制作方法的黏土板。公元前4000年,苏美尔人已经会用大麦、小麦、蜂蜜等制作了16种啤酒。公元前3000年,美索不达米亚地区已开始用苦味剂酿造啤酒。公元前5000年~前2300年,我国仰韶文化时期已出现了农业,这为谷物酿酒提供了可能。《中国史稿》认为,仰韶文化时期是谷物酿酒的萌芽期。当时是用蘖

（发芽的谷粒）造酒。公元前 2800 年—前 2300 年的我国龙山文化遗址出土的陶器中,有不少樽、盉、高脚杯、小壶等酒器,反映出酿酒在当时已进入盛行期。我国早期酿造的酒大多属于黄酒。

作为最早掌握酿酒技术的国家之一,我国在古代就开始用酒曲造酒。酒曲里含有使淀粉糖化的丝状菌（霉菌）及促成酒化的酵母菌。利用酒曲造酒,使淀粉质原料的糖化和酒化两个步骤结合起来。这对造酒技术是一个很大的推进。我国的祖先从自发地利用微生物到人为地控制微生物,利用自然条件选优限劣地制造酒曲,经历了漫长的岁月。至秦汉,制酒曲的技术已有了相当的发展。

南北朝时,用于制酒曲的技术已达到很高水平。北魏贾思勰所著《齐民要术》记述了 12 种制酒曲的方法。这些酒曲的基本制法,至今酿造高粱酒中仍在使用。

唐、宋时期,当时的人们发明了制红曲,并以此酿成“赤如丹”的红酒。宋代,制酒曲酿酒的技术得到了进一步的发展。朱翼中在其撰成的《酒经》中,记载了 13 种酒曲的制法,其中的制酒曲方法与《齐民要术》上记述的相比,又有明显的改进。中国古代制曲酿酒技术的一些基本原理和方法一直沿用至今。

在发明蒸馏器以前,在中国酿造的酒主要是黄酒。中国白酒俗称烧酒,是最有代表性的蒸馏酒。中国明代李时珍在

《本草纲目》里说，"烧酒非古法也，自元时始创其法。"所以一般人都以为中国在元代才开始有蒸馏酒。其实，在唐代诗人白居易(公元772～846年)雍陶的诗句中，曾出现过"烧酒"；另对山西汾酒史的考证，认为公元6世纪的南北朝时已有了白酒。因此，可能在公元6～8世纪就已有了蒸馏酒。而相应的简单蒸馏器的创制，则是我国古代对酿酒技术的又一贡献。

酿酒起源传说

在我国酒的历史源远流长，有据可寻的可以上溯到人类社会发展史的上古时期。《史记·殷本纪》中便有纣王"以酒为池，悬肉为林"，"为长夜之饮"的记载，《诗经》中"十月获稻、为此春酒"和"为此酒春，以介眉寿"的诗句，都以人类不同的社会活动表明多国酒的兴起已有5000年的历史了。

另外据考古学家考古发现证明，在近现代出土的新石器时代的陶器中，已有了专用的酒器，这说明，在原始社会，我国酿酒已很盛行。有关酒的起源问题，历史文献记述有四种说法。

1. 上天造酒说

自古以来，我国就有天上"酒星"造的说法。"诗仙"李白曾有"天若不爱酒，酒星不在天"的诗句；东汉末年以"座上客常满,尊中酒不空"自诩的孔融有"天垂酒星之耀,地列酒泉之郡"的诗句;"鬼才"诗人李贺,在《秦王饮酒》一诗中也有"龙头泻酒邀酒星"的诗句。《晋书》中也有关于酒旗星的记载:"轩辕右角南三星曰酒旗,酒官之旗也,主宴饮食。"轩辕,在中国为星名古称,共十七颗星,其中十二颗属狮子星座。酒旗三星,呈"一"形排列,南边紧傍二十八宿的柳宿星。

酒旗星最早记载于《周礼》一书中,距今已有近三千年的历史。二十八宿的说法,始于殷代而确立于周代,是我国古代天文学的伟大发现之一。

2.猿猴造酒说

唐代李肇所撰《国史补》中,记载了人类如何捕捉聪明伶俐的猿猴。

猿猴是十分机敏的动物,它们常常生活在深山野林中,在枝干间攀缘飞跃,一旦有人接近它们很快就跳跃着离开,很被人难捉到,经过细致的观察,人们发现猿猴"嗜酒"。于是,人们便在猿猴出没的地方,摆上香甜浓郁的美酒。猿猴闻香而至,先是在酒缸前徘徊不敢上前,接着便小心翼翼地试着品尝。时间一久,终受不住香味的诱惑,从小心舐尝到开怀畅饮,直到酩酊大醉而被人捉住。用"酒"捉猿猴的方法不只在我们中国有,国外,如泰国至今还有人这么做。非洲也有人用酒来诱捕力大无穷的大猩猩。

猿猴不仅喜欢饮酒,而且还会"造酒"呢。早在明朝时期,对于猿猴"造酒"的传说就有过记载。明代文人李日华在他的著作《蓬栊夜话》中就有过类似的记载:"黄山多猿猱,春夏采花果于石洼中,酝酿成酒,香气溢发,闻数百步"。清代文人李调元也曾有"琼州多猿……尝于石岩深处得猿酒,盖猿酒以稻米与百花所造,一百六轧有五六升许,味最辣,然极难得"的记载;清代的一本笔记小说《清稗类钞·粤西偶记》中也写道:"粤西平乐等府,山中多猿,善采百花酿酒。樵子入山,得其巢穴者,其酒多至数百。饮之,香美异常,名曰猿酒。"

昔年,《安徽日报》曾刊登老画家程啸天先生在黄山险峰深谷觅得"猴儿酒"的事情。这些不同时代人的记载,都证明在猿猴的聚居处,常常有类似"酒"的东西发现。由此也可推断酒的起源,是由水果发酵开始,因为它比粮谷发酵容易得多。

酒是由发酵得到的食品,是由酵母菌分解糖类产生的。酵母菌分布极其广泛,在广袤的大自然原野中,尤其在一些含糖分较高的水果中,这种酵母菌很容易繁衍生长。山林中野生的水果,是猿猴的重要食物。猿猴在水果成熟的季节,收贮大量水果于"石洼中",堆积的水果受到自然界中酵母菌的作用而发酵,在石洼中将一种被后人称为"酒"的液体析出,因此,猿猴在不自觉中"造"出酒来,是合乎逻辑与情理的。

3.仪狄造酒说

在史籍中有很多关于仪狄"作酒而美""始作酒醪"的记载。

古代就有"仪狄作酒醪,杜康作秫酒"的说法。这里并没有时代顺序,只是讲他们作的酒不同。"醪",是由糯米经过发酵加工而成的"醪糟儿"。多产于江浙一带,性温软,略带甜味。现在的不少家庭,仍有自制醪糟儿的。醪糟儿洁白细腻,稠状的糟糊可以食用,上面的清亮汁液颇近于酒。"秫",高粱的别称。杜康作秫酒,指的是杜康造酒所使用的原料是高粱。由此看来,仪狄是黄酒的创始人,而杜康可能是高粱酒创始人。

还有一种"酒之所兴,肇自上皇,成于仪狄"的说法。也就是说,自上古三皇五帝的时候,就有各种各样的造酒的方法在民间流行,而仪狄是把这些造酒的方法归纳总结起来,使这些方法流传于后世的人。

与杜康比来起仪狄的生活年代在古籍中的记载就比较一致了。如《世本》《吕氏春秋》《战国策》中部认为他是夏禹时代的人。至于,仪狄是不是酿酒的"始祖",这一说法自古以来就不一致,甚至有与《世本》相矛盾的说法。例如孔子八世孙孔驸说,帝尧、帝舜都是饮酒量很大的君王。黄帝、尧、舜,都早于夏禹,早于夏禹的尧舜都善饮酒,他们饮的是何人制造的酒呢?可见,说夏禹的臣属仪狄"始作酒醪"并不确切。事实上用粮食酿酒是件程序、工艺都很复杂的事,单凭一个人力量是很难以完成的。

4.杜康造酒说

还有一种说法是杜康将未吃完的粮食,储存在桑园的树洞里,粮食在树洞中发酵,有芳香的气味传出。这就是酒的做法,杜康就是酿酒之祖。

魏武帝也曾写下"何以解夏忧,唯有杜康"的诗句。由此,很多人认为酒就是杜康所创。

历史上确实有杜康这个人。古籍《世本》《吕氏春秋》《战国策》《说文解字》等书中,对杜康都有过记载。清乾隆十九年重修的《白水题志》中,对杜康也有过比较详的描述。"杜康,字仲宇,相传为县康家卫人,善造酒。"康家卫是一个至今尚在的小村庄,西距孙城七八公里。村边有一道大沟,长约十公里,人们叫它"杜康沟"。沟的起源处有一眼泉,四周绿树环绕,草木丛生,泉名为"杜康泉"。清流从泉眼中汩汩涌出,沿着沟底流淌,最后汇入白水河人们称它为"杜康河"。杜康泉旁边的大土包,以砖培围护着,传说是杜康埋骸之所。杜康庙就在坟墓左侧,凿壁为室,供奉杜康像。可惜庙与像均毁于"十年浩劫"了。据史料记载,往日,乡民每逢正月二十一日,都要组织"赛享"活动。这一天热闹非常,措喜演戏,商贩云集,熙熙攘攘,直至日落西山人们方尽兴而散。如今,杜康墓和杜康庙均已整修,杜康泉上已建好一座凉亭。亭呈六角形,红柱绿瓦,五彩飞檐,楣上绘着"杜康醉刘伶""青梅煮酒论英雄"等故事图画。尽管杜康的出生地等均系"相传"。但据考古工作者在这一带发现的残砖断瓦考证,商、周之时,此地确有建筑物。这里产酒的历史也颇为悠久。唐代大诗人杜甫于安史之乱时,曾携全家来此依靠其舅崔少府并写下了《白水明府舅宅喜雨》等诗多首,诗句中有"今日醉弦歌""生开桑落酒"等饮酒的记载。酿酒专家们对杜康泉水也作过化验,认为水质适于造酒。1976 年,白水县人在杜康泉附近建立了一家现代化酒厂,定名为"杜康酒厂",用该泉之水酿酒,产品名为"杜康酒",曾获得国家轻工业部全国酒类大赛的铜杯奖。

《伊阳县志》中《水》条里,有"杜水河"一词,对其解释为"俗传杜康造酒于此"。《汝州全志》中载有:"俗传杜康造酒处"叫"杜康促","在城北五十里"的地方。今天,这里尚有一个叫"杜康仙庄"的小村,人们说这里就是"杜康促"。"促",本义是指石头的破裂声,而杜康仙庄一带的土壤又正是山石风化而成的。在距杜康仙庄北约十多公里的伊川县境内,有一眼名叫"上皇古泉"的泉眼,相传也是杜康取过水的泉眼。这一带的酒产品合在一起,年产量已达数万吨之多,这恐怕是当年的杜康所无法想象的。

本能。

自我控制是最强者的

——萧伯纳

名句箴言

初创期

开 创这个时期的人是荷兰科学家列文虎克，是他带领我们进入到微生物的"巨大"世界中。1590 年，荷兰的杨森父子首先制成分辨率很低的复式显微镜。1664 年，英国科学家的胡克用这种显微镜观察和描绘了长在皮革表面的一种蓝色霉菌的子实体结构，还画过长在枯萎的蔷薇叶上的一种霉菌，但观察得非常粗糙。1676 年,荷兰科学家列文虎克用自己磨制的单式显微镜首次观察到了细菌的个体,为揭开微生物世界的奥秘打开了大门,具有划时代的意义。荷兰一位动物学家穆勒正式用这种复式显微镜来观察微生物,首次把细菌和原生动物在分类地位上分开。

微生物学的开山祖——列文虎克

1673 年,荷兰人列文虎克的用自己制造的显微镜观察到了被他称为"小动物"的微生物世界。他写了许多信给英国皇家学会,介绍他的观察结果,他发现了各种形状的"小动物",表明他实实在在看到并记录了一类从前没有人看到过的微小生命。因为这个伟大的发现,他当上了英国皇家学会的会员。所以今天我们把列文虎克看成是微生物学的开山祖。不过,在列文虎克发现微生物后差不多过了 200 年,人们对微生物的认识

列文虎克正在磨放大镜

还仅仅停留在对它们的形态进行描述上,并不知道原来是这些微小生命的生理活动对人类健康和生产实践有那样的重要关系。

列文虎克1632年出生在荷兰东部一个名叫德尔福特的小城市,父亲是个制造篮子的手艺人,母亲来自酿酒艺人的家庭。由于家境不好,16岁便他便挑起养家糊口的重担到一家布店里当学徒,后来自己在当地开了家小布店。不过生意并不是很成功,他便兼做德尔福特市政府管理员的差事。当时人们经常用放大镜检查纺织品的质量,列文虎克从小就迷上了用玻璃磨放大镜。由于管理员这个差事很清闲,所以他有很多时间用来磨放大镜,使放大倍数越来越高。因为放大倍数越高,透镜就越小,为了使用方便,他用两个金属片夹住透镜,制成了一架简易显微镜。列文虎克先后共制作了400多架显微镜,最高的可以放大倍数达到200~300倍。用这些显微镜,列文虎克观察过雨水、污水、血液、腐败了的物质、酒、黄油、头发、精液、肌肉和牙垢等许多物质。从列文虎克写给英国皇家学会的200多封附有图画的信里,人们可以断定他是全世界第一个观察到球形、杆状和螺旋形的细菌和原生动物,还第一次描绘了细菌的运动。

列文虎克91岁逝世,他唯一的爱好仍是用自己制作的显微镜观察和描绘观察结果。虽然他活着的时候就看到人们承认了他的发现,但要等到100多年以后,当人们在用效率更高的显微镜重新观察列文虎克描述的形形色色的"小动物",并知道他们会引起人类严重疾病和产生许多有用物质时,才真正认识到列文虎克对人类认识世界所作出的伟大贡献。

列文虎克所绘的那些图至今并且仍可以清楚地辨认出杆菌、链球菌和其他独特的细菌形态,可惜的是,他只是一位敏锐的观察家,并限于当时的历史条件而未能把自己所发现的"小动物"做理论上的进一步推测。

出于个人爱好对一些微生物进行形态描述的低级水平上,包括细菌、原生动物和真菌,但对它们的生理活动机理及其与人类实践活动的关系却未加研究,因此,微生物作为一门学科在当时还未形成。但这个时期的科学工作者在微生物进展上仍做出了重大贡献。如1796年5月4日,英国医生爱德华·琴纳第一次为一个男孩接种牛痘成功,从此人类终于有了对付死神——天花的武器。又如1854年,施罗德证明棉花可以滤去空气中的细菌,从此棉花被广泛应用于试管、三角瓶的纯培养中。

发现微生物的母体——斯巴兰扎尼

"苍蝇喜欢臭垃圾,臭味相投到一起。"现在我们都知道,治理环境卫生,不仅要清除垃圾,还要喷洒灭蝇药物,这样才能使苍蝇、蚊子等影响人类健康的害虫根除。可是在我国古代,人们却认为苍蝇是腐肉化成的,萤火虫是腐草化成的。而且在文艺复兴后的欧洲,也存在着类似的看法。在 18 世纪以前,欧洲多数人相信许多动物不需要母体,它们是垃圾堆的"私生子"。因此,当时在欧洲曾出现过这样的事:一个农民约翰想要得到一群蜜蜂,开展业余养蜂事业。有一个名叫贝齐的人对他说,"这事并不难。你牵一头小牛来吧!"

小牛牵来了,贝齐当头一棒把牛打死了,然后把死牛直立着埋在地下,双角露出地面。

"等一个月以后,把角锯掉,就会飞出你要的一群蜜蜂来了。"贝齐告诉约翰道。

可是,一个月过去,约翰按照他说的去做,却根本没有发现一个蜜蜂从牛角中飞出来。约翰不解,生命能够自发地产生,开始受到怀疑。

生物会不会自发地产生,一切生物是不是都有母体成了当时欧洲生物学界的中心问题和争论的焦点。

直到 18 世纪,这个问题才由意大利的微生物学家拉萨罗·斯巴兰扎尼解决。在他的答案中,人们知道了生物不会自发地产生,一切生物,哪怕是微生物都是有母体的。斯巴兰扎尼的结论纠正了千百年来人们的错误认识,为微生物学的研究开辟了道路。

斯巴兰扎尼于 1729 年出生在意大利的摩德纳。他自幼

就喜爱小动物：甲虫、苍蝇、蠕虫、蚂蚱……并与它们结成
朋友。

父亲是律师，他希望儿子学习法律，经常把长篇的法律
文件讲给他听。可是，儿子对法律丝毫不感兴趣，一有空闲，
斯巴兰扎尼就钻到数学、希腊文、法文和逻辑学中去。

在中学读书期间，他经常到著名科学家法利斯尼埃理家
里去，把自己学习的收获和对某些自然现象的看法告诉他。
法利斯尼埃理见他对自然科学颇感兴趣，并提出了许多有趣
的问题，为他学习法律感到遗憾。于是，法利斯尼埃理问斯
巴兰扎尼："你愿意学习法律吗？"

"我对它实在不感兴趣，可是，我父亲非得让我坚持学
它。"斯巴兰扎尼答道。

"简直是瞎胡闹，你是个天生的科学家，学习法律，不是
把时间都浪费了吗！"法利斯尼埃理怒气冲冲地说道。

怒气中，他带着斯巴兰扎尼来到老斯巴兰扎尼家里，责
备他的父亲说："你的儿子是一个科学家的材料，他将为摩德
纳争光，为它扬名，你应该立即让他放弃法律，别在耽误他的
宝贵时间了！"结果，还是这位教授改变了斯巴兰扎尼的学习
方向，他从此走上了微生物的研究道路。

斯巴兰扎尼果真不负老师的厚望，中学毕业后，以优异
的成绩考入波洛尼亚大学，最后成了这所大学的教授。

在这里，他开始进行关于微生物学的研究工作时还不满

30岁,那时,不仅普通群众认为生命是可以自发产生的,就连英国著名博物学家罗斯也说:"怀疑甲虫、蚂蚁产自牛粪,就是质疑理性、感官和经验。"他还说,就是像老鼠那样复杂的动物也无需父母。埃及的田野里老鼠遍地,都是由尼罗河的淤泥生出来的。可是,斯巴兰扎尼认为,生命可以自发产生是神话,是可笑的,有生命的动物包括微生物在内,一定都有母体。这种想法伴随着他度过了一个又一个不眠的夜晚,然而他却无法证实自己的想法。

一天夜里,他在书房里,偶然翻到了一本小册子。书中虽然没有华丽的词句,也没有高深的理论,但作者雷迪却用自己做过的实验说明了生命是如何发生的。雷迪的实验是这样的:他用两只瓶子,各放进一点肉,让一只瓶子开着口,另一只瓶子口上盖了一块纱布。他守着它们,眼看苍蝇飞进了开着口的瓶子里。不久,这只瓶子里就有了蛆虫,然后变成了新的苍蝇。盖有纱布的那只瓶子,里面既没有蛆虫,也没有苍蝇,这是因为纱布阻挡了母蝇去接近肉,因此它无法在肉上产卵。这个实验有力证明,蛆虫、苍蝇决不能从腐肉里产生。斯巴兰扎尼既惊奇又兴奋,情不自禁地自语道:"雷迪真了不起,看他解决这个问题是多么容易呀!"

不错,不少学者都已经承认苍蝇需要有母体才能产生出来。可是他们却仍然主张微生物可以不需要母体就能自己产生出来。于是,斯巴兰扎尼开始着手去做微生物的产生实验。

正当这时，他在一家报纸上看到了一则醒目的科技新闻：

"英国有一位名叫尼达姆的神父，用显微镜看到一些小动物（就是指微生物），从羊肉汁里奇妙地生殖出来。"这一新闻传开后，许多学者、专家都向尼达姆屈尊求教。这一发现一时轰动了英国皇家学会和整个学术界。

可是，斯巴兰扎尼看着这则新闻，仔细地琢磨了尼达姆的实验后，顿时皱起了双眉，怒声道："小动物决不会从羊肉汁或杏仁汤里自生自长，这个实验是骗人的。也许尼达姆并不知道实验里的秘密，我要揭开它！"

这时太阳已经落山了，斯巴兰扎尼带着沉思走进了实验室。不一会儿，天空暗了下来，夜幕渐渐降临，皓月当空，银光满地。他思来想去，觉得已经找到了尼达姆实验中的漏洞，对了，尼达姆做实验的时候，装羊肉汁的瓶，放了好几天都没有盖盖，或者加热的时间还不够。于是他拿起笔，打算写信告诉尼达姆。写着，写着，突然他停下了笔，决心自己亲手做一做实验，看看到底是怎么回事。科学家就是这样，他能想到科学上的这些或那些问题，可就是想不起来他还没有吃晚饭。他把信扔在一旁，拿来几只圆肚细颈的烧瓶和若干种子，擦掉显微镜上的灰尘，开始做他的实验。

他把几种不同的种子分别放进几只瓶子里，再把清水灌进去。怎样封口呢？他把一部分瓶子的瓶口用火熔合封死，另一部分瓶子的瓶口只用木塞塞住。他把其中的几个瓶子（包括封口的和用木塞塞口的）加热了几分钟，而把同样的几个瓶子放在开水里整整煮了 1 个多小时。

天已经蒙蒙亮了，他疲倦得几乎连眼睛都睁不开了。他慢慢地从热气腾腾的锅里捞出最后几只瓶子，小心翼翼地放在一边。这时他才觉得肚子不好受，便走出实验室开始用餐。

过了几天，斯巴兰扎尼回到实验室。他先拿起几只煮过 1 个多小时的瓶子，一个一个敲开瓶颈，取出几滴汤汁，放在显微镜下进行检查。他看了又看，找了又找，结果是什么也没有，没有变化；又拿起几只煮过几分钟的瓶子，照样敲开瓶颈，取出几滴汁液放在显微镜下。"这是什么"他喊起来了，在透镜的灰色视野里，他看到了好些地方有小动物在蹦跳游戏。斯巴兰扎尼喃喃自语："这些瓶子的口是熔合的，没有东西能从外边进去；可是怎么会有小动物呢！说明这些小动物能经得起几分钟的热力。"

他又走到几只用木塞塞口的瓶子前，他拔掉木塞，取出几滴汤汁用显微镜进行检查，他兴奋得喊了起来。原来凡是只用木塞塞住瓶口的瓶子，里面的汤汁都充满了小动物，连煮过 1 个多小时的瓶子也不例外。

可是，斯巴兰扎尼未曾想道，1768 年的这天是他的伟大发现的日子,也是世界上一个伟大的日子。他只晓得自己弄懂了一个道理:"小动物是从空气中进入尼达姆的瓶子里的,而且有些小动物经得起沸水的温度,必须煮沸 1 小时左右,才能杀死他们。"

斯巴兰扎尼把自己的研究成果写成了一篇出色的论文发表在学术杂志上,引起了科学界巨大的反响。尼达姆果真错了吗?人们聚集在伦敦、哥本哈根、巴黎和柏林的科学学会的高灯明烛之下议论纷纷。

当这些议论传到尼达姆的耳边时,他感到丢了面子。在"真理"和"面子"的前面,他最终还是选择了"面子"。于是,他立即跑到巴黎去讲述他的"羊肉汁试验",并且在巴黎结交上了著名的科学家布丰伯爵。他俩粗粗地做了实验以后,继续坚持尼达姆的错误论点。他们说:"生长力使羊肉汁即使加热以后还能生长出'小动物'来。正是靠这个生长力,亚当的肋骨才能长成夏娃。"于是便给斯巴兰扎尼写信说:"你的实验是有漏洞的。因为你把瓶子加热了一个小时,而这酷热,削弱了并且因而损伤了生长力,使它们再也生不出小动物来了。"

斯巴兰扎尼喜欢用事实说话。面对他们的唇枪舌剑,沉默不语,又开始了测试生长力的实验。这回,斯巴兰扎尼用清水调制好豌豆、大豆、野豌豆等各种各样的种子汤汁,分别将它们装进各种不同的瓶子中,然后把这些瓶子分成三组:

第一组煮几分钟;第二组煮半小时;第三组煮一小时。照尼达姆的做法,用木塞塞住瓶口。可是,几天过后,他走进实验室,将三组瓶中的汤汁分别用显微镜进行检查,结果煮了1小时的瓶的子里,活着的"小动物"最少。

斯巴兰扎尼胜利了,他向全欧洲宣告,空气里有微生物。一切生物都有母体:苍蝇繁殖苍蝇,蜜蜂繁殖蜜蜂,细菌只能由细菌繁殖出来。

可是,尼达姆这个死争臭面子的神父,却一直在坚持他的错误观点,不断地进行种种狡辩。真理是经得起实验检验的,斯巴兰扎尼又经过无数次实验,终于证明了自己的观点是正确的,而尼达姆的种种观点都是错误的。

斯巴兰扎尼以实验事实推翻了尼达姆错误的有关生长力的论点,从此名震欧洲学术界,成了当时微生物学界首屈一指的科学家。德国腓特烈大帝致信于他,亲自任命他为柏林科学院成员。奥地利女皇玛丽亚·特利莎请他担任隆巴迪的帕维亚大学的教授,并且派来声势煊赫的代表团,捧着御书,恳请斯巴兰扎尼重振这所名存实亡的大学。斯巴兰扎尼慨然应允担任该大学的博物学教授,并兼任帕维亚自然博物馆馆长。

斯巴兰扎尼在帕维亚大学继续研究微生物学,他开始思考微生物如何繁殖的问题。他给他的朋友却尼特写信说:"当你看到任何动物两个个体结合时,你是否想到它们正在传种。"

却尼特把斯巴兰扎尼的来信提出的疑难,转告给了自己的一个友人德·索热尔。索热尔通过显微镜仔细观察和研究了微生物的繁殖习性后,写出了一篇论文。他在论文中这样写到:"当你看到两个'小动物'连在一起的时候,它们往往不是结合起来生育的。恰好相反,这些成对的动物在一起不过是一只老动物正在分成两部分,成为两只新的'小动物'。微生物是不懂得什么叫结婚的,这是它们繁殖的唯一方法。"

然而这种观点在当时却被看作是错误的。对此,英国的埃利斯撰写一篇论文,说什么"小动物"有时候分裂为二,这并不能说明它们在繁殖。这只不过是一只"小动物"在水里急速游泳时,对另一只小动物拦腰撞击,把它撞成了两半。

如何证实小动物的繁殖是一分为二的呢?斯巴兰扎尼大胆地进行了这个实验。他把"小动物"巧妙地分离出单个的进行观察。在显微镜下它果真看到了"动物"是一分为二的进行繁殖。

开始他不敢相信自己的眼睛,于是,斯巴兰扎尼重复试验了一二十次。每次看见单个的杆棒状的"小动物"中央部分逐渐变细。最后,它的两部分仅由细蛛丝的一线联系在一起,而粗壮的两半,在拼命扭动,并且突然间一分为二,分成两只形状相同的"小动物"。更奇妙的是,几分钟后,这两只"小动物"又开始分裂了。原来的一只很快就变成了四只、八只……

这一实验有力地证明了微生物用一分为二的办法进行繁殖的观点,大大推动了微生物学的发展。

1799年,斯巴兰扎尼这位科学,尤其是微生物学奋斗一生的伟大科学家,与世长辞。他知道自己的膀胱有病,所以留下了他那难忘的遗嘱:"嗯,我死后把它解剖出来吧,你们也许会获得关于膀胱病的新发现呢。"这个遗物——"膀胱",至今还保存在奥地利的一家博物馆里。

名句箴言

人生在世，事业为重。一息尚存，绝不松劲。东风得势，时代更新，趁此机，奋勇前进。

——吴玉章

奠基期

奠基期是由 1861 年巴斯德根据曲颈瓶试验彻底推翻了生命自然发生学说并建立了胚种学说开始的。本时期的代表人物主要是法国的巴斯德和德国的科赫，它们分别被称为和细菌学的奠基人。

微生物学的奠基人——巴斯德

路易斯·巴斯德,法国微生物学家、化学家,近代微生物学的奠基人。像牛顿开辟出经典力学一样,巴斯德开辟了微生物领域,他也是一位科学巨人。

巴斯德一生进行了多项探索性的研究,取得了重大成果,是 19 世纪最有成就的科学家之一。他用一生的精力证明了三个科学问题:(1)每一种发酵作用都是由于一种微菌的发展,这位法国化学家发现用加热的方法可以杀灭那些让啤酒变酸的恼人

巴斯德

的微生物。很快,"巴氏杀菌法"便应用在各种食物和饮料上。(2)每一种传染病都是一种细菌在生物体内的作用的结

果:由于发现并根除了一种侵害蚕卵的细菌,巴斯德拯救了法国的丝绸工业。(3)传染病的细菌,在特殊的培养下可以减轻毒力,使他们从病菌变成防病的疫苗,从而建立起了细菌理论。

路易斯·巴斯德被世人称颂为"进入科学王国的最完美无缺的人",他不仅是个理论上的天才,还是个善于解决实际问题的人。他于1843年发表的两篇论文——"双晶现象研究"和"结晶形态",开创了对物质光学性质的研究。1856年至1860年,他提出了以微生物代谢活动为基础的发酵本质新理论,1857年发表了"关于乳酸发酵的记录"这一微生物学的经典论文。1880年后又成功地研制出鸡霍乱疫苗、狂犬病疫苗等多种疫苗,其理论和免疫法引起了医学实践的重大变革。此外,巴斯德的工作还成功地挽救了法国处于困境中的酿酒业、养蚕业和畜牧业。

巴斯德被认为是医学史上最重要的杰出人物。巴斯德的贡献涉及几个学科,但他的声誉则集中在保卫、支持病菌论及发展疫苗接种以防疾病方面。

巴斯德并不是病菌的最早发现者。在他之前已有基鲁拉、包亨利等人提出过类似的假想。但是,巴斯德不仅提出关于病菌的理论,而且通过大量实验,证明了他的理论的正确性,令科学界信服,这是他的主要贡献。

显然病因在于细菌,那么显而易见,只有防止细菌进入人体才能避免得病。因此,巴斯德强调医生要使用消毒法。向世界提出在手术中使用消毒法的约瑟夫·辛斯特便是受了巴斯德的影响。

十九世纪末期有两项改变,就是内科医生的隔离观察和英国外科医生约瑟·辛斯特尔所做有系统的人体研究,这让细菌学变得非常成功。在早期结晶学发现后,巴斯德在化学的研究转向醋、葡萄酒和啤酒等发酵的实际问题。在巴斯德生涯中最后且最重要的时期,他研究人类和动物传染性疾病的起因,并开发抵抗炭疽病和狂犬病的疫苗,还成功研究出对抵抗更多疾病的疫苗。巴斯德杰出的能力是他从不断的实验中,彻底革新药物并获得的一致肯定。事实上,这些药物挽救了上百万的生命,并且使人们日常的生活有了很大的改变。

人们以前常将巴斯德同英国医生爱德华·琴纳比较。琴纳发展了一种抵御天花的疫苗,而巴斯德的方法可以并已经应用于防治很多种疾病。

巴斯德在 1849 年结婚,生了四个孩子,但只有其中两个长大成人。在 1868 年,巴斯德遭受打击,而这个打击对他的步调、言论和休闲生活造成伤害,但他继续在往后的 25 年内不屈不挠地工作。他在 1895 年 9 月 28 日逝世,并以一个国家伟人的身份举行国葬。

微生物方法学奠基人——科赫

科赫,1843 年出生在德国克劳斯塔尔城哈尔茨山区。少年时代,他曾走遍了这个山区所有的森林。他经常把从野外捉到的毛毛虫、甲虫、蝴蝶和采集到的植物、矿物带回家里,用父亲的一个小型放大镜进行观察;他还在家中喂养了豚鼠、白鼠、家兔。因为他这样喜欢观察和研究动物,他的母亲给他起了个"鸡师傅"的绰号。

1873 年的有一天,科赫去森林时里发现一只死鹿。他根据鹿血的颜色,判断出鹿应该是患炭疽病死的。他取回了血样,便一头扎进实验室仔细地进行观察。看到鹿血里粗大而透明的杆状、线状和线团状的有机体,纵横交织,科赫脑子里就出现了一个

诺贝尔奖获得者——科赫

问号,难道这就是炭疽病病毒吗?

为了解决这个问题,科赫开始进行了大量的实验工作。在那段时间里,他只要听说牲畜死亡的消息,无论路途有多么远,都要赶去亲自察看。每次都带回一大堆装满死去牲畜的血液的试管,然后几小时几小时地坐在显微镜前连续观察。他再从屠宰场里弄来新鲜畜血与病畜血进行反复对比。为了弄清这些死去动物血液中那些杆装物是否是病毒,他在白鼠的尾巴根上割开一个小口,注入那种血液,彻夜不眠地试验。第一只白鼠死了,科赫就把这只死鼠的一小滴血注射到另一只健康的白鼠身上。他这样反复地做了 30 次,30 只小白鼠都是同样的结果。这时他才断定,这些杆状物是炭疽病菌。以后,他又通过大量试验,研究这种病菌的生长和传播情况。在这些日子里,他废寝忘食,通宵达旦地工作,甚至难得跟朝夕相伴的妻子吃一顿晚饭,也无暇照料女儿。人们纷纷议论:"我们的大夫真有点神经质了。"

1876 年,受布雷斯劳大学的邀请,科赫去那里讲学。他随身带去只有装有小白鼠的笼子和一架显微镜。整整 5 天,他的讲学没有空谈,没有长篇大论,而只是一直演示他的实验,简要地说明他的研究过程。科赫这种务实的工作作风给布雷斯劳的师生留下了深刻的印象,博得一致好评。

后来,科赫把这些试验写成了一篇题为《炭疽病病原学:论炭疽病杆菌发育史》的报告,刊登在《植物生物学杂志》上。

这篇报告,意义重大,现代细菌学和征服传病的斗争都是在这个基础上建立起来的。

1880 年,科赫被委派到帝国卫生局工作。他给自己定主要任务是改进细菌学的研究方法。他发明了用固体培养基的"细菌纯培养法",首先采用染色法观察细菌的形态,并运用这些方法首先分离出炭疽杆菌、结核杆菌和霍乱弧菌。借助这种固体培养基可以测定空气中、土壤中和水中的微生物,可以准确判断各种病毒是否存在,是进一步研究微生物的钥匙。

首战告捷,给这位年轻的科学家很 大鼓舞,他决心继续努力,一生与病菌为敌。后来,他又致力于结核病原、传染途径、治疗药物以及人畜结核病的区别等课题的研究。那时,结核病严重地威胁着人们的健康,欧洲国家每七个人中就有一人死于肺结核。人们只知道肺结核可怕,并且会传染,但却不知道它的病原体、传染途径。

科赫研究肺结核病因的试验中,发现了因结核病死亡的人的肺,但却没有发现细菌,可是把病肺磨碎,擦在老鼠和兔子身上,它们都得了结核病。在反复实验中,科赫发现结核菌在显微镜是看不见的。因此,他用各种色素去染患结核病而死亡的人的肺,终于发现了染上蓝色色素的结核菌。用蓝色素染出的结核菌是细棒状的。接着他又用血清培养基对结核杆菌进行培养,16 天后,终于获得了人工培养的结核杆菌。他把这种培养菌接种在动物身上，动物也感染了结核菌病，至此，完全证实了结核杆菌是这种传染病的病因，他还用血清固体培养基成功地分离出结核分支杆菌，并且接种到豚鼠体内引起了肺结核病。

1882 年，科赫在柏林生理学协会上，报告他的研究成果《论肺结核》。报告吸引了与会的科学家，会场安静得几乎屏住了呼吸。在柏林生理学协会的历史上，破天荒第一次没有发生争论。

细菌学和征服传染病的斗争都是在这个基础上建立起来的。

科赫不仅是个勤奋的科学家，同时还是个热情善良的医生。他一生致力于征服各种传染病，哪里有传染病，他就战斗在哪里。1883 年 6 月，埃及发生了霍乱，科赫作为医疗队队长，奔赴埃及，随后又赶到印度，与病魔和死神奋力拼搏，甚至圣诞节之夜，也在通宵达旦地工作。此后多年，他往返奔波于欧洲、亚洲、非洲的许多地区。为征服各种传染病而竭尽心力。

科赫为人类的健康做出了巨大的贡献。科赫的一生，始终遵循着 1865 年在哥廷根当学生的时候，写在解剖比赛试卷页眉上的那句诺言："永不虚度年华。"

科赫在培养细菌学的巨大贡献是发明了用固体培养基的"细菌纯培养法"和把混合培养物纯化的技术，并用在固体培养基上划线接种的方法获得了单一的纯种。这种技术使得培养细菌学发生革命性变化,并使得 19 世纪最后二十年中这个学科得以开出绚丽的花朵。

1883 年科赫还在印度发现了霍乱弧菌,以后他又研究了鼠疫和昏睡病,发现了这两种病的传播媒介,前者是虱子,而后者是一种采采蝇。他根据自己分离致病菌的经验,提出了著名的"科赫法则"。

科赫法则

科赫根据他对炭疽病病原菌的研究,他提出了证明某种微生物是某种疾病病原菌的 4 项要求。首先,如果怀疑某种微生物是病原菌时,必定在某种患病的个体(人类、动物或植物)中可以发现这种病原菌;其次,必须能从患病的个体体内分离出这种微生物,并且培养成为纯培养物;第三,用分离到的该种微生物接种到健康的个体体内,可以人为地诱发和原来相同的疾病;第四,必须从人工诱发了该疾病的个体体内重新分离到同一种微生物,并且能够培养成和原来分离的相同的纯培养物。这些要求有时不一定能够完全达到,因为有些病原菌很难分离为纯培养物。但是在过去 100 多年中,根据这样明确的要求的确确定了许多传染病的病源。直到现在,我们到医院看病时,常常要求您在发烧时去化验血液和取血样培养,正是科赫原则的具体应用。根据科赫原则确定了病原菌到底是什么微生物,就可以采用对症的药物消灭它们。

1905 年,科赫获得了诺贝尔医学和生理学奖,主要是为了表彰他在肺结核研究方面的贡献。1910 年 5 月 27 日,科赫离开了人世。1982 年,我国邮电部发行了一枚纪念邮票,纪念科赫发现肺结核病原菌一百周年。

科赫除了在病原体的确证方面作出了奠基性工作外,他创立的微生物学方法一直沿用至今,为微生物学作为生命科学中一门重要的独立分支学科奠定了坚实的基础。科赫首创的显微摄影留下的照片在今天也是高水平的。在科赫原则的指导下,使得 19 世纪 70 年代到 20 世纪的 20 年代成了发现病原菌的黄金时代。例如 1883 年和 1884 年两位科学家各自独立地发现了白喉杆菌,1884 年还发现了伤寒杆菌,1894 年耶尔森和日本的北里柴三郎各自分离出鼠疫杆菌,1897 年痢疾杆菌也被发现了。在此期间先后发现了不下百种病原微生物,包括细菌、原生动物和放线菌等。不仅是动物病原菌,还有植物病原菌。

在同一时期,其他的研究工作者也有着新的发现:

1865 年,英国外科医生李斯特在巴斯德研究的启发下,创立了清毒外科,并于同年 8 月 12 日进行第一次试验(石炭酸消毒)成功。

1865 年,德巴利首次用实验证实麦类杆锈病菌的转主寄生现象,并于 1866 年证实了酵母菌的生活史,在 1853～1866 年间,他还写了一系列关于真菌的书,研究了大量真菌学问题,是近代真菌学的奠基人。

1875 年,科亨根据细菌的形态特征,把细菌分成 6 个属。

1877 年,合兹首次发现一种厌氧、寄生的牛型放线菌。同年,英国人准丁达尔发明了间歇灭菌法(即"丁达尔灭菌法")。

1878 年,李斯特发明利用牛奶稀释法进行乳酸链球菌的纯种分离和计数。同年,布鲁斯特在德国蔡司工厂发明油浸物镜。

1882 年,斯可罗辛和孟兹证明土壤中的硝化作用是一个微生物学过程。

1884 年,丹麦医生克里斯亨·格兰创立了革兰氏染色法,通过这一染色,可把几乎所有的细菌都分成革兰阳性细菌与革兰氏阴性细菌两大类,成为分类鉴定菌种的重要指标。同年,张伯伦发明用素烧瓷滤器过滤细菌。

1887 年,科赫的助手皮特发明了著名的双重培养皿。

1888 年,马尔亭乌斯·贝叶林克首次从豆科植物根瘤中分离出共生固氮的根瘤菌。

1889 年,谢尔盖·维诺格拉斯基首次提出了无机化能营养的概念。同年,日本的北里柴三郎发现了破伤风梭菌,并于第二年发现了破伤风抗毒素。德国的阿道夫·贝林格也在 1890 年发现了白喉抗毒素。

1892 年,兹赫尔和奈尔森发明了染结核杆菌的抗酸性染色法。

1892 年,伊凡诺沃斯基提供烟草花叶病毒是由病毒引起的证据。

1894 年,日本的高峰氏利用黄曲霉生产出高峰淀粉酶。

1895 年,博尔代在研究凝聚反应时,发现了补体。

1896 年,汉森发表了科学的酵母菌分离系统。

1897 年,吕夫勒和弗洛奇首次发现动物口蹄疫的病原体是一种过滤性病毒。同年,毕希纳用无活细胞存在的酵母菌压榨汁对葡萄糖进行酒精发酵成功,从而开创了微生物生化研究新时代。

1898 年,荷兰学者马尔亭乌斯·贝叶林克独立进行了烟草花叶病病原体的研究,首次提出其病原菌是一种"病毒",从此,现代病毒学的历史开始了。同年,诺卡德等人从患传染性胸膜炎的病牛中首次分离得到支原体,当时称为 PPO。史密斯,也于该年证实了细菌可以引起植物病害。

名句箴言

天才是用劳动换来的。

——童第周

发展期

进入 20 世纪以后，微生物学得到了飞速的发展，研究的重点逐渐转移到了生化水平及分子生物学的水平上。自毕希纳发现了酒化酶以后，微生物的发展就开始深入到了生化水平。1901 年维尔第尔斯发现酵母菌不能合成对其自身生长所需的全部成分，需要外界加入称为"Bios"的生长因子，同时还发现在麦芽中存在这种可透析的、耐热的"Bios"（即 VB1 复合物）。1904 年哈登和扬等又发现酵母菌榨取汁经透析后会失去发酵活性，从而证明了辅酶的存在，同时他们还发现磷酸盐能促进酵母菌榨取汁的酒精发酵，并从中分离出有机磷酸化合物。在 20 世纪 20 年代初期，剑桥大学的斯蒂芬森和夸斯特尔对细菌酶着重是脱氢酶进行了研究，他们利用通伯技术（在装有给氢体、细菌悬液和美蓝的排气管中测定美蓝脱色的时间）对多种细菌的脱氢酶进行了一次系统的研究，在当时关于细菌合成代谢的知识极少或根本没有，所以说思蒂芬森他们的研究工作具有极大的引导意义。但关于由分解代谢途径产生的能量怎样贮藏及转变为功能问题，仍然未能解决。

1930 年，卡斯特罗姆第一次把细菌中的酶划分为组成酶和适应酶，适应酶在细胞中不能检测到或者是以很低的浓度存在，但当把他们的作用底物加入到培养基中时，就会在很短时间内，并且在细胞不增殖的情况下明显的增加这些酶的含量。

经过反复的实验，弗莱明将培养物的滤液中所含有抗性的细菌物质叫作盘尼西林。但这种盘尼西林没有推广应用，直至 1940 年牛津大学病理学教授霍华德·弗洛里将其提纯，使它可用于人体肌肉注射，盘尼西林才得以推广应用。盘尼西林的发现重新引起了人们对土壤微生物产生抗生素的兴趣。

1944 年，瓦克斯曼分离出第二种实用的抗生素——链霉素，而且链霉素的发现可以说是对盘尼西林的一种补充，因为盘尼西林作用于革兰阳性菌，而链霉素则作用于革兰氏阴性的肠杆菌科细菌以及盘尼西林无效的分枝杆菌，这样两种抗生素彼此代替使用可以使抗药菌株成为敏感菌株。

随后在 40 年代中期以后，从放线菌、细菌和真菌中已先后记述了 5500 种以上的抗生素，其中 4000 多种为放线菌产生，其余为细菌和真菌所产生，但临床上应用的不过 100 多种，常用的只有几十种。至今寻找抗生素的工作仍在继续进行，新的化合物不断涌现，这种状况犹如细菌和微生物学家之间的赛跑。细菌不断地产生对那些常用抗生素有抗药性的突变菌株，而微生物学家则百折不挠地寻找细菌还没有来得及形成抗药性的新化合物。

进入 20 世纪 40 年代以后，人们对细菌变异产生了新的兴趣。由于医学中抗生素的使用使菌株很快出现了抗药性，导致在临床治疗上的困难。这是一类具有临床意义的细菌变异，全世界的细菌学家把他们的注意力转向阐明这种变异的机理。而这时的几个重大发现恰正是在这些条件下发生的。一个是 1941 年比德尔和塔特姆用粗糙脉孢霉这种微生物代替高等植物或昆虫作为研究材料，他们用 χ

射线诱变筛选获得了大量的营养缺陷型突变株，它们均不能在基本培养基上生长，需要添加相应的生长因素。在大量分析比较的基础上他们提出了"一个基因一个酶"假说，这一假设现在已经被证实了。比德尔和塔特姆的创造性发现为生化遗传学的发展奠定了基础，他们首先把遗传基因的功能与酶或蛋白质的联系了起来，微生物营养缺陷突变型的发现也为进一步深入研究基因结构、调控、重组以及生物的形态分化和发育等创造了条件。1943 年，卢里亚和德尔布鲁克进行了著名的波动性试验，其结果雄辩地证明细菌对噬菌体产生的抵抗性是基因发生自发突变所致，与它们是否同噬菌体接触无关。他们的研究结果随后又被纽坎比在 1949 涂布试验和莱德伯格于 1952 年的影印培养法进一步证实。细菌的基因突变发生在它们与噬菌体或药物接触之前，影印培养法仅作为一种筛选手段，将自发产生的抗性突变从大量的突变中筛选出来。1944 年埃弗里、马克聊德和马克卡提在深入研究细菌转化，发现遗传物质的化学本质就是 DNA。这是一个革命性的发现，因为在这之前，一直认为遗传物质是蛋白质，而这个发现彻底否定了这一看法，将科学家的视线转移到了 DNA 这一真正的遗传物质上来。1946 年，莱德伯尔格和塔特姆又发现了一种与转化作用不同的细菌基因重组方式——接合作用，以后又发现基因的连锁现象，至 20 世纪 50 年代初，又发现 F 因子这种细菌质粒。

微生物抗生素发明者——弗莱明

1984 年 3 月 1 日,伦敦著名的拍卖行劳埃德商行的拍卖大厅里,人头攒动,熙熙攘攘。人们等待着购买他们最称心的物品。拍卖开始了,首先拍卖的果然是亚历山大·弗莱明的最早论文复

弗莱明

写本,人们早就从拍卖公告中得知了这一消息。随着报价抬升,敢于竞争的买家越来越少了,最后,不足 20 页的论文复写本,竟然以 2010 镑的惊人高价被买走了。

这是一篇什么样的论文呢?它是关于盘尼西林即盘尼西林抗菌剂的著名论文,出自弗莱明之手,多少年来,它是收藏家梦寐以求的收藏珍品。弗莱明是世界科技史上一位传奇式的人物,他发现了溶菌酶和盘尼西林,挽救了数以亿计的人们的生命,并因此曾荣获 1945 年诺贝尔奖。收藏家们认为,这篇题为《关于盘尼西林培养液的抗菌作用》的论文,具有普度众生的魔力。

自从近代科学技术诞生以来,人类发明了难以计数的各种药物,但自始至终药效不减、遍及天下的,只有盘尼西林。它具有高效的抗菌功能,无副作用和不使病菌产生抗药作用等优点。从它诞生之日起,人们就将它视为"神药"。

盘尼西林药物的发现者亚历山大·弗莱明,于 1881 年8 月 6 日出生在苏格兰基马尔诺克附近的一个小村子里。他的父亲是个勤俭诚实的农夫,生了 8 个孩子,弗莱明是最小的一个。弗莱明 7 岁时父亲去世,家里失去了主要经济来源。13 弗莱明遵照父亲遗命到伦敦去同他那当医生的兄弟住在一起,随后在一家船运事务所当小工。在二十岁那年,接受了姑母的一笔遗产,他放弃了工作,进入伦敦大学圣玛丽医学院学习。学习期间,聪慧的弗莱明差不多取得了所有的奖章和奖学金,1906 年以优异的成绩毕业,成了一名医生。毕业后他接受老师赖特博士的邀请,留在圣玛丽医学院的研究室里,帮助老师进行研究工作。也正是从那时候起,他立志把医学研究作为他毕生的事业。但在其后的 8 年中,弗莱明并没有在实验室里做出显著的成就。

赖特相信疫苗对抵抗细菌入侵具有神奇作用,长期以宗教般的热情从事研究工作。他的接种站的主要经济来源是出卖疫苗。弗莱明进入赖特预防接种站不久,很快便成为研究小组中一名骨干的成员,他发明了一些新的研究方法,制作了一些仪器,赢得了赖特和同事们的赞许。与此同时,弗莱明还成了研究梅毒和用注射洒尔福散治疗梅毒的专家。

正当弗莱明壮志满怀准备在传染病治疗领域大显身手的时候,1914 年,第一次世界大战爆发,弗莱明应征入伍,成为英国皇家军医团的一名上尉。由于飞机、坦克等战争武器的首次使用,弗莱明目睹了首次大规模的战场——凡尔登战役。战争是惨烈的,法军与德军双方伤亡达 70 万人,以致战役结束时撤离战场的士兵每一步都会踩到一个死伤者。战争中无数的伤员被抬进了医院,清创缝合的手术从早做到晚。但弗莱明看到,那些被医生治过的枪伤或弹伤的创面仍会在细菌的侵害下感染溃烂,让那些没有死在战场上的士兵死在病床上。弗莱明和赖特在战争期间一起去战地医院服务,从事伤口感染的治疗。弗莱明的研究工作没有因战争而中断,他把研究传染病的热情转移到研究防治伤口感染上,这使他很快就抓住了问题的要害。

战后弗莱明加紧进行细菌的研究工作。一天,在弗莱明主持下,医生以近乎万无一失的方式,进行了消毒灭菌,用抗菌剂对伤员的伤口做了外科处理,大家一致以为不会出现伤口感染。可是,几天之后竟有一些伤员因伤口感染、化脓而死去,这使弗莱明异常震惊。从此弗莱明把注意力集中到给伤员敷用的抗菌剂本身上了,经过精心的观察和反复实验,弗莱明找到了罪魁祸首。原来,当时医疗所用的抗菌剂,事实上是"有毒"的,为此他发明了用来给新的抗菌剂评估的试验方法,他们的工作非常出色,弗莱明所在的战地医院成为防止伤口感染最佳医院。战争结束了,弗莱明又回到了赖特接种站,从事他心爱的研究工作。战争使赖特接种站的伙伴们减少了,但战后重建工作又为站里增添了新生力量。不久,艾利森大夫成了弗莱明的助手,两人配合默契,工作很有成效。

1921 年,弗莱明和艾利森发现了溶菌酶。溶菌酶是一种大量分布在动植物组织中、能够溶解病菌的生物酶。当时,弗莱明和助手正在做一项生物培养抗菌试验。当弗莱明观察培养液时,培养液板恰好被一种十分稀少的生物孢子污染。机遇偏爱有准备的头脑,这种偶然的现象一下子把弗莱明的注意力吸引到早先并不认识的具有溶菌作用的酶上。他同艾利森一起对溶菌酶开展试验研究,为后来发现盘尼西林奠定了基础。弗莱明和他的助手研究了 7 年溶菌酶,本以为它能够成为一种重要的疫苗或有效的药物,然而,可以说他们的目的没有达到。这是因为溶菌酶在病原生物方面几乎丝毫不起作用。科学研究总是面临成功与失败,而且失败的总量总是大于成功的总量,失败固然可惜,但宝贵的经验却是千金难买的,没有失败经验的人,不可能尝到成功的甜头。

事实上开了通向盘尼西林的大门。1922 年他在做实验时,发现了一种他称之为溶菌霉的物质。溶菌霉产生在体内,是黏液和眼泪的一种成分,对人体细胞无害。它能够消灭某些细菌,但不幸的是在那些对人类特别有害的细菌面前却无能为力。因此这项发现虽然独特,却不十分重要。

1928年夏天酷热难当,赖特生物研究中心破例放一个避暑假,同事们都跑向海滨避暑胜地或一切清凉宜人的地方。几天来的连续失败使弗莱明的心情格外烦躁,他胡乱地放下手中的实验,也准备去海滨避暑。天气热得有点透不过来气来,什么事也干不下去的弗莱明,望着实验台上杂乱无章的器血,心想,这在20多年的科研生涯中还是第一次。从前,细心的弗莱明可不是这个样子的。

9月的天气渐渐凉爽下来了,人们也心平气和地陆续回到赖特研究中心了。弗莱明回到实验室,观察他度假之前搁放在工作台上的一堆盛有培养液的表面皿。他望着生毛发霉的试验器皿有些追悔莫及,应该在度假之前就把这些东西收拾好,他丢弃了这些不能再用的东西。过了不久,弗莱明重新取回其中的一些器皿,作进一步的观察。其中一个试验皿经过第二次仔细检查之后,显现出这样一种现象:靠近一团霉菌的一些葡萄球菌落,明显地被溶解掉了。也许这时弗莱明脑子里已经有了溶菌酶的概念,特别是经历失败的宝贵经验,他决定将这些菌落进一步培养观察,并作进一步深入的研究,于是发现盘尼西林的历史开始了!

10 月 30 日,弗莱明在自己的笔记本上第一次记录了有关霉菌试验的情况。弗莱明将霉菌菌落在常温下放在盘中培养了 5 天,再将其他多种生物培养液以条状穿过菌落,然后再用培养液加以培养。他把结果记录下来了:"某些生物体直接朝霉菌生长,甚至越过并覆盖住了霉菌;而葡萄球菌却在霉菌前 2.5 厘米处停下了。"在随后的一次试验中,弗莱明把装有混浊的葡萄球菌悬珠体瓶中又加入一些霉菌培养液,并在 45℃下进行培养观察,3 小时之后悬珠体混浊液开始变清了。

弗莱明在他那灰色布面的道林纸笔记本上,用墨水写下了这样一句使他誉满全球的话:"这表明在霉菌培养液中包含着有对葡萄球菌有溶解作用的某种物质",这"某种物质"后来被命名为盘尼西林。

葡萄球菌是一种可以致病的细菌,许多疾病就是它从中作祟的结果。如今发现了溶菌物质,怎么能不让弗莱明高兴呢?1928 年的圣诞节很快就要到了,处于兴奋状态的弗莱明,盘算着 1929 年在盘尼西林研究中作出怎样的成绩。

从 1929 年 1 月至 6 月,弗莱明和他的年轻助手里德利、克莱道克一块儿,研究了命名为盘尼西林霉菌的活动情况。盘尼西林能够生存在许多种不同的生物体中,生命力极强,经过试验证明它对活细胞无毒害作用,一系列试验结果简直使弗莱明高兴极了。他认为盘尼西林就是他长期梦寐以求的"完美无缺的抗菌剂"。

1929年5月10日，弗莱明将他有关盘尼西林的研究整理成论文，正式提交出版，这一版的复写本就是收藏家千金以求的珍本。论文的发表并没有给弗莱明立即带来荣誉和地位。相反，盘尼西林的试验又传来了不幸的信息。一些试验结果使弗莱明把盘尼西林作为一种全身或局部性抗菌剂的希望破灭了。这些试验显示了它的弱点，盘尼西林花了4个多小时，才能把细菌杀死；在血清存在的情况下，盘尼西林几乎完全丧失杀菌能力；如果盘尼西林通过静脉注射到兔子身上，30分钟之后就会消失在血液中，并不能穿过感染的组织，因而不能将表层下面的细菌消灭。

面对这样的困境，弗莱明认为如果继续研究盘尼西林在临床上的使用，恐怕是一件得不偿失的事。因此他没有去作关键性的动物保护性试验，而这些试验极有可能揭示出盘尼西林所真正具有的杀菌功能。此后，弗莱明放慢了盘尼西林的研究速度。

1930年以后的10年中，弗莱明发表了27篇论文，他一直将盘尼西林用于出售的疫苗生产中，他并不鼓励别人去作盘尼西林的提纯工作，他自己对此也毫无兴趣。1936年，磺胺第一次在世上出现时，更使得盘尼西林黯然无光，人们几乎忘却了盘尼西林。

然而,第一篇盘尼西林的文章发表以后,关于盘尼西林论文又陆续发表了。他们像射箭一样,一旦箭离开弓,箭可就不属于他了,盘尼西林在它的发现者处的冷遇,完全被牛津试验者的热度所弥补了,从 1933 年开始,一位名叫欧内斯特·金的化学家专门研究酶,是他使盘尼西林焕发了光彩。他在收集文献时发现了弗莱明的盘尼西林论文,他对弗莱明关于溶菌酶的设想十分感兴趣,他随即又将论文送交弗洛里。盘尼西林开始显示它的效力了。不久之后,弗洛里证明盘尼西林既不是溶素,也不是一种酶。但他对盘尼西林的抗菌效力十分满意。

1940 年 5 月 25 日,弗洛里进行了动物保护性试验,证实了弗莱明的盘尼西林菌株具有强大的杀菌作用。这进一步鼓舞了弗洛里,他几乎把牛津大学,变成一个进一步将盘尼西林用于临床试验的工厂。翌年,提纯盘尼西林的工厂果然开业。

不久,弗洛里将提纯后的盘尼西林用于人体病员身上,取得了明显的效果,但遗憾的是他们发表的成果报告并没有引起公众的多大兴趣和反响,甚至连弗莱明本人对此也不置可否。

1942 年 8 月,弗莱明的一位朋友患了脑膜炎,虽经磺胺药物治疗,但仍无效果。眼看病人快死了,弗莱明最后决定采用盘尼西林。他向弗洛里求援,弗洛里为他提供了一些盘尼西林并告诉他如何使用。用药之后,濒临死亡边缘的病人,奇迹般地恢复了健康。这位社会知名人士使弗莱明大夫马上成了无数家报纸采访的中心人物,盘尼西林立刻成了新闻界的宠儿。

在英美政府的鼓励下,当时的医药公司进入了这个领域,很快就找到了大规模生产盘尼西林的方法。起初,盘尼西林只是留给战争伤员使用,但是到 1944 年,英美公民在医疗中也能够使用了。

随即,盘尼西林治疗各种疾病的神奇功能,在欧洲引起了一场"盘尼西林旋风"。不久,盘尼西林遍及天下,成了各科医生案头必备的抗菌剂,荣誉像雪片一样朝弗莱明飞来。

盘尼西林的发现对寻找抵抗生素是一个巨大的促进,这项研究导致发明出了许多种"神奇的药物",但是盘尼西林却是用途最广的抗生素。

盘尼西林不断保持领先地位的一个原因在于它对许多有害微生物都有效。该药能有效地治疗梅毒、淋病、猩红热、白喉以及某些类型的关节炎、支气管炎、脑膜炎、血液中毒、骨骼感染、肺炎、坏疽和许多种疾病。

盘尼西林的另一个优点是使用的安全范围大。50 万单位盘尼西林的剂量对某些感染是有效的,但每日注射 100 万单位盘尼西林也没有副作用。虽然有少数人对盘尼西林过敏,但是对大多数人来说该药为既有效又安全的理想药物。

　　盘尼西林已经救活了很多人的生命,成为第二次世界大战中与原子弹、雷达并列的三大发明之一。盘尼西林的大量生产,拯救了千百万伤病员,盘尼西林的发现是发展抗生素历史上的一个里程碑。直到今天,盘尼西林仍是流行最广、应用最多的抗生素。盘尼西林能杀灭各种病菌,还可以治疗各种炎症。也正是盘尼西林的发现,引发了医学界寻找抗生素新药的高潮,人类进入了合成新药的时代。

　　1945 年,弗莱明同弗洛里、欧内斯特·金分享了诺贝尔医学和生理学奖金。在这以后的 10 年里,弗莱明继续攀登在充满着胜利和成功的山路上,他曾经获得 15 个城市的荣誉市民的称号,25 个荣誉学位以及 140 多次重大奖赏、荣誉和奖励。

　　弗莱明既是一位技艺超群的细菌学家,同时还是一位敏锐的、有鉴别力的观察家,他受到人类的永恒的尊敬。1955 年,弗莱明,这位伟大的盘尼西林之父辞别了他精心维护的可爱的世界。

名句箴言

科学上的许多重大宏代码，都是一点点细微的成绩积累起来的。

——童第周

成熟期

遗传变异规律研究取得突破

从 20 世纪 50 年代开始，由于对微生物生理生化尤其是对遗传变异规律的研究，使人们清楚地知道，生物界不论是多细胞生物、单细胞生物或是非细胞的分子生物，它们在基本生物学规律上有着惊人的一致性。由于微生物特别是原核微生物的结构简单，营养要求低，培养迅速，生理类型多，多数为单倍体，容易发生变异，容易累积中间代谢产物，具有许多选择性的遗传标记和存在多种原始的遗传重组类型等优点，使微生物在解决当代生物学基本理论问题中发挥着越来越大的作用，于是对于微生物的研究进入到了分子生物学水平。

在前人大量研究成果的基础上，1953年，沃森和克里克提出了DNA结构的双螺旋模型，从而把生物学推进到分子生物学的新高度，这是20世纪生物学领域中的一次最伟大的革命，也给微生物学的发展带来了巨大的推动力。至此对微生物大分子的结构和功能的研究成为了当时研究的重点。在核酸方面，沃森和克里克等共同提出的DNA的双螺旋模型为揭开遗传信息的复制和转录的秘密铺平了道路，初步认识了大分子三维结构与功能的关系。而同时人们也逐渐认识到生命的基本功能表现为基本相同的生化过程，这种生命现象的"同一性"使科学家可以利用细菌和病毒等微生物来研究演绎高等生命过程，大大加速了生命科学研究的进程。

1955年，肯伯格从大肠杆菌中发现了DNA聚合酶，揭开了DNA复制的秘密；1959年又有人发现RNA聚合酶。设想，如果没有DNA双螺旋结构为基础，很难想象科学家能够在短短的几年内揭开DNA复制和DNA转录的秘密。

双螺旋模型的建立,以及在上述成果及基因调控理论基础上克里克又在 1958 年提出了遗传信息传递的中心法则,阐明了遗传信息从核酸向蛋白质的流动过程,也就是生命编码表达成具体生命活动的过程。揭示了 DNA 的模型及中心法则后,人们自然会想到蕴含在 DNA 中的遗传信息究竟是如何决定生物性状的呢?也就是说 DNA 是如何决定蛋白质的合成的呢?为解决这个问题,人们还必须清理一下手所有关于蛋白质合成的材料。从 DNA 到蛋白质合成是一个巨大的系统工程,经过了近十年的积累。

20 世纪 60 年代初,人们终于获得了足够的材料来破译生命密码了。美国生物学家尼伦伯格首当其冲。1961 年他人工合成的 RNA 模板,进行无细胞蛋白质合成,破译人们已经设想的遗传密码。他合成了一种只含尿嘧啶的多聚核苷酸,以它为模板合成蛋白质,结果产生了一种只由苯丙氨酸组成的蛋白质。这表明 UUU 就是苯丙氨酸的密码。这一成功非常令人振奋,许多生物学家开始投入到破译遗传密码的工作。1961 年,亚考伯和芒诺德在研究大肠杆菌乳糖代谢的调节机制时,发现它除有一套结构基因外,还具有一套调节基因,并提出了著名的"操纵子"学说,揭示了原核基因表达的开启和关闭是如何控制的,同时也标志着微生物生理代谢调控研究的兴起,进一步将微生物生理学、生物化学和遗传学结合在一起。

1963年莫诺等提出调节酶的变构理论,并引出了"生物调节"的概念。"生物调节"理论标志着人类认识生命、认识自我实现了又一新的飞跃。

1967年,64个遗传密码全部得到破译。同时遗传密码的破译也使人们认识到纷纭万象的生命世界有着惊人的内在连续性,除了极少数例外,绝大多数的生物,从原始的细菌到高等动植物都使用着同一套遗传密码。此时人们也开始探讨一个新的科学问题,那就是遗传信息的传递或表达是如何被调控的。在DNA分子结构模型建立半个多世纪之后的今天,科学家们已经不约而同地强调说,当代的分子生物学是一门关于信息的科学。

DNA双螺旋结构的发现

1953年4月25日,英国最权威的科学杂志《自然》,发表了两位年轻科学家沃森和克里克的一篇重要论文,题目是《核酸的分子结构——脱氧核糖核酸的结构》。他们在论文中宣布,他们已经发现了生物大分子脱氧核糖核酸即DNA(脱氧核糖核酸英文字母缩写)分子的双螺旋结构。一个DNA分子有两条核苷酸链,这两条链以一定的间距平行地围绕同一根轴盘旋,形成右旋的双链螺旋体。这种结构与DNA的复制、转录及遗传信息传递都有密切关系,具有重要的生物学意义。沃森和克里克的发现，在分子水平上揭开了遗传现象的微观本质，开辟了生物遗传学的新纪元，从此分子生物学和分子遗传学诞生了。这项发现是 20 世纪生命科学乃至整个现代科学的最重要研究成果之一，1962 年，他们因这一发现而分享了诺贝尔医学和生理学（相当于生物学）奖金。

20 世纪初期，生物学家已经研究清楚，生物体性状由基因决定，基因即是遗传物质，基因在细胞核的染色体内，染色体由蛋白质、脱氧核糖核酸（DNA）和少量核糖核酸（RNA）组成。1944 年，奥地利著名物理学家薛定谔发表了一篇演讲，在演讲中，他试图用热力学、量子力学等理论来解释生命现象的本质，引进了非周期性晶体、负熵、密码、传递、量子跃迁式的突变等一系列概念，说明有机体的物质结构、生命活动的维持和延续、生命的遗传和变异等问题，开拓了研究生命现象的某些新途径。薛定谔的演讲稿在 1944 年出版，书名是《生命是什么》，副题是"活细胞的物理学观"。书中强调，自然界的一切规律都符合统计物理学定律，遗传物质是一种有机大分子，遗传性状以密码形式通过染色体而遗传等设想，对生物遗传学的发展起了重要作用。

这本书在西方科学界负有盛名，影响颇大，被称为"唤起生物学革命的小册子"。它影响了一大批物理学家转而投身于生物学研究，并对分子生物学发展做出杰出贡献。

沃森、克里克和维尔金斯都读过《生命是什么》一书,沃森说,正是这本书使他走向基因秘密的发现之路。

当时,在攻克 DNA 结构之谜的科学竞赛中,有五位科学家名列前茅。一位是美国加州理工学院的鲍林,他是著名的化学家,因发现蛋白质分子的 α 螺旋结构而蜚声国际科学界;两位英国结晶学家维尔金斯和年轻的女学者富兰克林,他们用第一流的 χ 射线结晶学技术,拍摄了很多精彩的 DNA 分子 χ 射线衍射图,以此直接分析 DNA 分子结构;还有两位就是美国生物学家沃森和英国物理学家克里克。论专业知识和专业技术沃森和克里克比不上鲍林和维尔金斯、富兰克林,然而,他们选择了恰当的方法,即用建构模型来探索 DNA 的结构,同时以 χ 射线衍射图谱作为参照和验证。沃森说:"特别重要的是我们认真讨论了鲍林是怎样发现蛋白质分子 α 螺旋结构的,他发现的螺旋结构并不是仅仅靠研究 χ 射线衍射图谱,相反的,其主要方法是探讨原子之间的相互关系。他不用纸和笔,主要工具是一组分子模型,这些模型从表面上看与学龄前儿童的玩具非常相似。为什么我们不能用同样的方法解决 DNA 分子问题呢!我们只要制作一组分子模型,着手摆弄起来就行了。

1949 年,克里克在剑桥大学卡文迪许实验室的医学科学研究院分子生物学研究室工作。此时,克里克的密友维尔金斯已经在 DNA 分子 χ 射线衍射研究中取得很多宝贵资料。1950年,沃森在美国印第安纳大学获动物学哲学博士学位,同年9月,他去丹麦哥本哈根学习生物化学,1951年5月沃森在意大利那不勒斯的一次生物学会议上见到维尔金斯,听到维尔金斯关于DNA分子χ射线衍射分析报告,第一次看到DNA结构的χ射线衍射照片,促使沃森决心向核酸结构进军。

沃森于同年8月到达英国,10月正式到克里克所在的分子生物学研究室工作,经过两个月的实验研究活动,沃森被克里克的科学思想敏锐和对青年科学家的吸引力所折服。1951年12月,沃森写信给德尔布鲁克说:"克里克无疑是我过去从未接触过的最生气勃勃的人,也是我过去从未见到过的像鲍林的人,事实上他看上去极像鲍林。他总是不停地说话和思考,自从我和他一起度过一段时间以后,我发现自己也处在高度兴奋之中,他把许多优异的年轻科学家都吸引到自己的周围。"从此两人紧密合作,共同为探索DNA分子结构而刻苦钻研。

维尔金斯和富兰克林所做的DNA分子χ射线衍射照片表明,DNA分子由几个糖—磷酸骨架所组成。但这些骨架如何结合到一起呢?结合力、化学键,还是氢键四种碱基配对是,同配还是异配?克里克请剑桥的青年数学家格里菲思计算得出结论,碱基是不相似的配对,彼此之间以弱的吸引力氢键相结合。下一个问题是碱基的数量关系如何?

实际上,早在1950年,美籍奥地利生物化学家查哥夫就公开发表过有关的数据,"在迄今为止所有已经检验过的各种DNA中,总的嘌呤和总的嘧啶分子数比值,还有腺嘌呤和胸腺嘧啶的分子数比值与鸟嘌呤和胞嘧啶的分子数比值,都与1相去不远。"然而沃森和克里克并未看过这篇文献。直到1952年6月,查哥夫访问他俩的实验室后,二人才知道这些数据。格里菲思的计算结果与查哥夫的数据惊人的一致,这就是DNA分子可能为1:1的不相似碱基配对。克里克意识到这一点是非常重要的,因为这能解释DNA分子结合在一起和DNA分子能自我复制。

组成DNA分子的原料联结堆砌在一起构成什么形状?起初,沃森和克里克曾经想象是直线排列,1951年看到鲍林发表多肽分子的α螺旋结构,两人决定把DNA分子也看成螺旋形。

螺旋究竟由几股核苷酸链组成呢?沃森和克里克主张三股螺旋,维尔金斯则主张单股螺旋。他们三人经常讨论DNA分子结构的问题,然而却没有选中双螺旋结构。

沃森与克里克用废弃不用的蛋白质分子结构模型材料(铁块、硬纸板、铁丝等)制成一个DNA分子三螺旋模型,他们兴高采烈地把消息告诉维尔金斯所在的DNA小组,以为DNA分子结构已经找到,大功告成。第二天维尔金斯和富兰克林来看他们,立即发现他们对实验数据理解错了,三股螺旋模型便被否定了。从此,沃森和克里克情绪一度低落,沃森回去继续研究烟草花叶病毒,克里克则回去继续研究蛋白质。然而他们对建立 DNA 分子结构模型,仍然保持很大的兴趣,并且频繁地与各方面学者接触。

不久,他们获悉,鲍林在美国建立起 DNA 分子结构模型,沃森和克里克紧张起来,立刻又加紧工作。这次沃森建立起一个双螺旋模型,糖—磷酸骨架在外,碱基在里,表面看来似乎已接近最后成功,但在配对碱基时却错误地坚持同配原则。

1953 年 2 月 19 日,沃森认为双螺旋同配模型已经成功,又一次兴高采烈的时候,同室工作的美国结晶学家多诺休指出,他们采用的鸟嘌呤与胸腺嘧啶的互变异构体搞错了。沃森坚持自己是正确的,并且援引达维生《核酸的生物化学》书中的观点。多诺休坦率地指出,教科书中列举的烯醇式在化学上很少见,正确的应该是酮式。由于多诺休是鲍林的老同事,长期从事有机物晶体结构研究,他的意见衷恳、正确,沃森采纳了酮式结构,进行重新调整,建立正确的双螺旋模型。

2 月 20 日,沃森来到实验室,清出桌面,摆弄碱基模型。

接着多诺休和克里克也进来了,沃森以各种配对方式移动四种碱基。突然,他觉察到由两个氢键保持在一起的 A—T 配对与两个氢键相连接在一起的 C—G 配对,形式上完全相同,整个结构自然形成。这样,沃森发现了碱基配对的正确规则。由氢键联系,两条无规则的碱基序列,可以合乎规则地排列在螺旋中间;而氢键的要求意味着腺嘌呤总是与胸腺嘧啶配对,鸟嘌呤只能与胞嘧啶配对;查哥夫的规则,作为双螺旋的结果,突出得令人难以想象正确。更令人激动的是,这种双螺旋结构所暗示的复制格式比单纯同配更使人满意。

克里克在回忆这个豁然开朗的时刻时说:"我记得非常清楚,多诺休和沃森靠近黑板,我靠近写字台,我们忽然都想到,好了,我们多半可以由这种碱基配对说明 1∶1 比例,在这时(2 月 20 日星期五)我们三人都有了这种思想——我们会把碱基摆在一起形成氢键。"这样,科学史上的一项伟大发现,就在办公桌上用铁块、纸板和铁丝摆出来了。

在叫 DNA 分子结构模型的建立过程中,沃森和克里克多次试验,犯过许多错误,出现多次失败挫折。但是,他们勤于思考,不耻下问,勇于实践,不怕失败,在很多学者专家的帮助下,最终实现了突破,到达了成功的彼岸。

1970 年对细菌的研究终于达到顶峰,史密斯(H. O. Smith)等人从流感嗜血菌 Rd 的提取液中分离并纯化了一种限制性核酸内切酶,为分子生物学及遗传工程实验室送来了加工 DNA 分子的"手术刀"。1972 年,阿尔伯等对限制性内切酶进行了提纯,并把它用于遗传工程中,开创了基因工程领域的研究。1977，沃斯提出古生菌是不同于细菌和真核生物的特殊类群。同年，桑格尔首次对噬菌体 DNA 进行了全序列分析。1982—1983 年，斯垣利·普鲁辛纳发现朊病毒，使人们对中心法则的认识发生了根本的改变。1995 年第一个独立生活的细菌（流感嗜血杆菌）全基团组序列测定完成。1996 年第一个自养生活的古生菌基因组测定完成。1997 年第一个真核生物（啤酒酵母）基因组测序完成。截至 2001 年 4 月，已经有 43 种微生物完成了基因组测序，100 多种微生物的全基因组测序工作正在进行。

二战后由于抗生素的发现使工业微生物学研究领域诞生了，在遗传工程等高新技术的推动下，发展成发酵工程，并与遗传工程、细胞工程、酶工程和生物反应器工程一起组成了生物工程学这个当代高科技领域。20 世纪 50 年代以后在应用微生物方面，已着眼于扩大菌种、发酵原料和代谢产物的范围，利用代谢调控机制于发酵生产，利用固定化细胞和固定化酶来提高发酵效益，应用遗传工程进行超远缘杂交后所得的"工程菌"来发酵生产新产品，直至利用动、植物或人体的细胞株（如淋巴细胞杂交瘤）进行大规模深层培养等。该领域的迅猛发展及其与相关生命科学研究的结合，使之成为新世纪最具诱惑力的产业。

由此可见微生物学的发展无不体现着学科的交叉，特别是相关的细胞生物学，生物化学，遗传学及分子生物学间的相互促进,由此推动整个生命科学的飞速发展。同时物理,化学,计算机技术及材料科学的发展,为微生物学的发展提供了必要的技术手段,近年来在生命科学领域引起震动的芯片技术即是以上学科与生命科学的完美结合。

自古以来,人类在日常生活和生产实践中,已经觉察到微生物的生命活动及其所发生的作用。我国利用微生物进行酿酒的历史,可以追溯到4000多年前的龙山文化时期。殷商时代的甲骨文中刻有"酒"字。北魏贾思勰的《齐民要术》中,列有谷物制曲、酿酒、制酱、造醋和腌菜等方法。

在古希腊留下来的石板上,记有酿酒的操作过程。中国在春秋战国时期,就已经利用微生物分解有机物质的作用,进行沤粪积肥。公元2世纪的《神农本草经》中,有白僵蚕治病的记载。公元6世纪的《左传》中,有用麦曲治腹泻病的记载。在10世纪的《医宗金鉴》中,有关于种痘方法的记载。1796年,英国人琴纳发明了牛痘苗,为免疫学的发展奠定了基础。

17世纪,荷兰人列文虎克用自制的简单显微镜(可放大160~260倍)观察牙垢、雨水、井水和植物浸液后,发现其中有许多运动着的"微小动物",并用文字和图画科学地记载了人类最早看见的"微小动物"——细菌的不同形态(球状、杆状和螺旋状等)。过了不久,意大利植物学家米凯利也用简单的显微镜观察了真菌的形态。

1838年,德国动物学家埃伦贝格在《纤毛虫是真正的有机体》一书中,把纤毛虫纲分为22科,其中包括3个细菌的科(他将细菌看作动物),并且创用细菌一词。1854年,德国植物学家科恩发现杆状细菌的芽孢,他将细菌归属于植物界,确定了此后百年间细菌的分类地位。

微生物学的研究从19世纪60年代开始进入生理学阶段。法国科学家巴斯德对微生物生理学的研究为现代微生物学奠定了基础。他论证酒和醋的酿造以及一些物质的腐败都是由一定种类的微生物引起的发酵过程,并不是发酵或腐败产生微生物;他认为发酵是微生物在没有空气的环境中的呼吸作用,而酒的变质则是有害微生物生长的结果;他进一步证明不同微生物种类各有独特的代谢机能,各自需要不同的生活条件并引起不同的作用;他提出了防止酒变质的加热灭菌法,后来被人称为巴斯德灭菌法,使用这一方法可使新生产的葡萄酒和啤酒长期保存。

后来,他开始研究人、禽、畜的传染病(狂犬病、炭疽病和鸡霍乱等),创立了病原微生物是传染病因的正确理论,和应用菌苗接种预防传染病的方法。巴斯德在微生物学各方面的科学研究成果,促进了医学、发酵工业和农业的发展。

与巴斯德同时代的德国微生物学家科赫对新兴的医学微生物学作出了巨大贡献。科赫首先论证炭疽杆菌是炭疽病的病原菌，接着又发现结核病和霍乱的病原细菌，并提倡采用消毒和杀菌方法防止这些疾病的传播；他的学生们也陆续发现白喉、肺炎、破伤风、鼠疫等的病原细菌，导致了当时和以后数十年间人们对细菌给予高度的重视；他首创细菌的染色方法，采用了以琼脂作凝固培养基培养细菌和分离单菌落而获得纯培养液的操作过程；他规定了鉴定病原细菌的方法和步骤，提出著名的科赫法则。

1860 年，英国外科医生利斯特应用药物杀菌，并创立了无菌的外科手术操作方法。

俄国出生的法国微生物学家维诺格拉茨基于 1887 年发现硫黄细菌。1890 年发现硝化细菌，他论证了土壤中硫化作用和硝化作用的微生物学过程以及这些细菌的化能营养特性。他最先发现厌氧性的自生固氮细菌，并运用无机培养基、选择性培养基以及富集培养等原理和方法，研究土壤细菌各个生理类群的生命活动，揭示土壤微生物参与土壤物质转化的各种作用，为土壤微生物学的发展奠定了基础。

1892 年，俄国植物生理学家伊万诺夫斯基发现烟草花叶病原体是比细菌还小的、能通过细菌过滤器的，光学显微镜不能窥测，后来称之为过滤性病毒。

1897年德国学者毕希纳发现酵母菌的无细胞提取液能与酵母一样具有发酵糖液产生乙醇的作用，从而认识了酵母菌酒精发酵的酶促过程，将微生物生命活动与酶化学结合起来。

1901年，著名细菌学家和动物学家梅契尼科夫发现白细胞吞噬细菌的作用，对免疫学的发展作出了贡献。

1915～1917年，特沃特和埃雷尔观察细菌菌落上出现噬菌斑以及培养液中的溶菌现象，发现了细菌病毒——噬菌体。病毒的发现使人们对生物的概念从细胞形态扩大到了非细胞形态。

20世纪以来，生物化学和生物物理学向微生物学渗透，再加上电子显微镜的发明和同位素示踪原子的应用，推动了微生物学向生物化学阶段的发展。诺伊贝格等人对酵母菌生理的研究和对酒精发酵中间产物的分析，克勒伊沃对微生物代谢的研究以及他所开拓的生物化学的研究方向，其他许多人以大肠杆菌为材料所进行的一系列基本生理和代谢途径的研究，都阐明了生物体的代谢规律和控制其代谢的基本原理，并且在控制微生物代谢的基础上扩大利用微生物，发展酶学，推动了生物化学的发展。从20世纪30年代起，人们利用微生物进行乙醇、丙酮、丁醇、甘油、各种有机酸、氨基酸、蛋白质、油脂等的工业化生产。

1929年，弗莱明发现青霉菌能抑制葡萄球菌的生长，揭示了微生物间的抵抗关系，并发现了盘尼西林。

1941年，比德尔和塔特姆用χ射线和紫外线照射链孢霉，使其产生变异，获得营养缺陷型。他们对营养缺陷型的研究不仅可以进一步了解基因的作用和本质，而且为分子遗传学打下了基础。1944年，埃弗里第一次证实了引起肺炎球菌形成荚膜遗传性状转化的物质是脱氧核糖核酸（DNA）。

1949年，瓦克斯曼在他多年研究土壤微生物所积累资料的基础上，发现了链霉素。此后陆续发现的新抗生素越来越多。这些抗生素除医用外，也应用于防治动植物的病害和食品保藏。

1953年，沃森和克里克提出了DNA分子的双螺旋结构模型和核酸半保留复制学说。

富兰克尔—康拉特等通过烟草花叶病毒重组试验，证明核糖核酸（RNA）是遗传信息的载体，为奠定分子生物学基础起了重要作用。其后，又相继发现转运核糖核酸（tRNA）的作用机制、基因三联密码的论说、病毒的细微结构和感染增殖过程、生物固氮机制等微生物学中的重要理论,展示了微生物学广阔的应用前景。

1957 年,科恩伯格等成功地进行了 DNA 的体外组合和操纵。近年来,原核微生物基因重组的研究不断获得进展,胰岛素已用基因转移的大肠杆菌发酵生产,干扰素也已开始用细菌生产。现代微生物学的研究将继续向分子水平深入,向生产的深度和广度发展。

在微生物学的发展过程中,按照研究内容和目的的不同,相继建立了许多分支学科:研究微生物基本性状的有关基础理论的有微生物形态学、微生物分类学、微生物生理学、微生物遗传学和微生物生态学;研究微生物各个类群的有细菌学、真菌学、藻类学、原生动物学、病毒学等;研究在实践中应用微生物的有医学微生物学、工业微生物学、农业微生物学、食品微生物学、乳品微生物学、石油微生物学、土壤微生物学、水的微生物学、饲料微生物学、环境微生物学、免疫学等。

由于微生物学各分支学科的相互配合、互相促进,以及与生物化学、生物物理学、分子生物学等学科的相互渗透,使其在基础理论研究和实际应用两方面都有了迅速的发展。

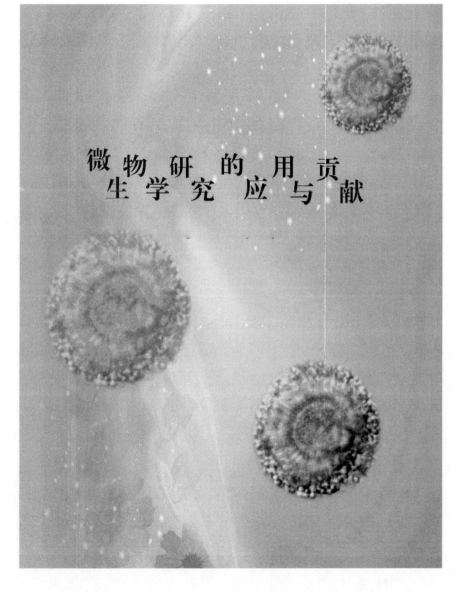

微生物学研究的应用与贡献

如果你希望成功，当以恒心为支，以经验为参谋，以当心为兄弟，以希望为哨兵。

——爱迪生

名句箴言

微生物对生命科学的贡献

在生物学的发展历史中，微生物学发挥过重要作用，例如巴斯德用巧妙而简单的实验否定了生命可以自然发生的错误观点。对工业应用和致病微生物的积极研究大大丰富了人们对生命现象的认识，而成千上万种微生物的发现更增加了人们对多彩的生命世界的好奇和倾慕。

20 世纪初,许多生物学家开始研究动植物的生物化学过程,他们用动物的血液或肌肉,植物的叶片或果实进行了大量研究工作,发现了许多生命现象和认识到它们的化学基础。20 世纪 20 年代到 40 年代,微生物学家们开始用简便得多的微生物进行了大量生物化学研究。在比较了高等动植物和微生物的生物化学特性之后,发现原来所有生物,无论是大型的牛,还是小昆虫,以至肉眼看不到的细菌和只能用电子显微镜才能观察的病毒,它们的生命活动的生物化学基础是相同的,由荷兰微生物学家克鲁维等提出了所有生物的"生物化学同一性"的学说。

微生物在地球上种类很多,功能多样,主要以单细胞形态存在和以无性繁殖为主要生殖方式,生长繁殖很快,容易在短时间内取得突变体和大量纯种个体。相对于高等生物而言,它们的结构和功能比较简单,研究起来比较容易。这些优点使得微生物在过去的一个世纪中成为生物学家用来研究生命现象的材料,发展起来生物化学、遗传学和分子生物学等生命科学的多个重要分支,使 20 世纪的生命科学得到了巨大的进步,奠定了当代生命科学的基础。20 世纪诺贝尔生理学或医学奖获得者的研究成果中,以微生物为研究对象的占有 1/4,只要从这一点上就足以说明微生物对生命科学的巨大贡献。

奠定酶学的基础

19世纪末,德国化学家布赫纳想按照当时的看法,证明酵母菌发酵产生酒精的过程和完整细胞的生命现象是不可分的。他用沙子和酵母菌一起研磨,直到把酵母菌的细胞全部磨碎,想看看还能不能把糖发酵成酒精。1896年,布赫纳把破碎细胞的渣滓过滤掉,得到了没有细胞的酵母汁。他准备第二天着手开始精心安排的试验,为了保存酵母汁不让细菌腐败,他按照当时流行的方法往里面加了许多白糖。第二天当他要用酵母汁时,眼前发生的现象让他目瞪口呆,酵母汁也能把糖变成酒精和二氧化碳。现实和他想证明的完全相反。从此以后,人们认识到有没有细胞和生命并不是进行产生酒精的化学变化的必要条件。布赫纳把酵母汁中引起化学变化的物质叫作"酒化酶",后来证明他是一种并没有生命的蛋白质,今天我们叫作酶。酶的发现使科学家研究生物体内的化学变化得到了飞跃的发展,很快便搞清楚了许多复杂的生物化学变化,一门重要的学科——生物化学诞生了,由于布赫纳的重要贡献,他在1907年获得诺贝尔化学奖。今天酶学的研究和应用已经大大地改变了人们的生活。食品加工、洗衣粉、医药和许多其他行业都少不了酶。

证实遗传的基础

我们今天都知道决定遗传的物质是 DNA，可是，没有微生物做材料，可能这个秘密就不那么容易了。在 20 世纪 40 年代到 50 年代，一批科学家用微生物做材料揭示了这个秘密。主要的实验是肺炎双球菌转化实验、大肠杆菌噬菌体感染实验和烟草花叶病毒拆合实验。

早在 1928 年，英国科学家格里佛便发现肺炎球菌可以把它的遗传物质传递给不同类型的其他肺炎球菌，他把这种现象称为"转化"。肺炎球菌有不同类型，有一类叫 S 型，由它长成的菌落表面光滑，细胞外面包裹着一层黏液，如果这类肺炎球菌侵入人体，人很容易得肺炎，如果注射到小鼠体内，小鼠便会因为败血症而死亡。另外一类叫 R 型菌落表面粗糙，细胞外面没有荚膜，它不会致病。格里佛把杀死的 S 型菌或者活的 R 型菌分别注射到小鼠体内，小鼠安然无恙，可是，把杀死的 S 型菌和活的 R 型菌混合起来同时注射小鼠，小鼠却因败血症而死亡了，而且可以在小鼠体内找到 S 型菌。接着格里佛又把 S 型菌破碎，从里面提取出没有完整细胞的汁液，把汁液和 R 型菌一起在培养皿中培养，结果长出的菌落中既有 R 型菌，又有 S 型菌。这个实验说明 S 型菌中有某种物质可以改变 R 型菌的遗传特性。1944 年，美国的艾弗里和他的同事们从加热杀死的 S 型肺炎球菌中分离出各种成分,分别加到 R 型菌的培养液中进行培养,结果发现只有 DNA 可以改变 R 型菌的遗传特性。为此,艾弗里等人获得了诺贝尔奖。

　　直到 1952 年,美国科学家赫尔希和他的同事们用噬菌体感染大肠杆菌,进一步证明了 DNA 是遗传的物质基础,并且能决定蛋白质的合成。赫尔希等人分别用有放射性同位素磷化合物和硫化合物做营养的培养基培养大肠杆菌,然后用噬菌体感染大肠杆菌。因为蛋白质中没有磷,而核酸中没有硫,这样得到两种噬菌体:一种是被放射性硫标记的外壳蛋白质,一种是被放射性磷标记了的核心。再用这两种噬菌体感染大肠杆菌。结果发现,噬菌体只有核心 DNA 进入大肠杆菌中,外壳蛋白质并没有进入,但是新产生的噬菌体仍然有完整的蛋白质外壳这就证明在 DNA 携带着合成蛋白质的整套遗传信息。

　　后来德国人弗伦克尔·康拉德 1955 年在研究噬菌体时,创造了一种可以把核酸和外壳分开又重新装配,并保持噬菌体生物活性的方法。他把这种方法用在两种病毒的拆散和重建实验中。他把会造成烟草绿色叶片变成布满白色斑点的植物病毒(烟草花叶病毒)和另一种类似的车前草花叶病毒的核酸和外壳蛋白质互相搭配成杂种病毒,发现烟草花叶病毒的核酸和车前草花叶病毒的蛋白质组合后的杂种病毒侵害烟草后出现典型的烟草花叶病,而用车前草花叶病毒的核酸和烟草花叶病毒的蛋白质组合的病毒侵害车前草,则出现典型的车前草花叶病,这样便使人们确信,只有核酸才是遗传的物质基础。

这些遗传学上的重大成就,都是用微生物做材料取得的,足见微生物在生命科学发展中举足轻重的作用。这些发现孕育了分子生物学,当沃森和克里克的 DNA 分子结构模型被学术界接受以后,这门影响着 20 世纪后半期并将在本世纪大展风采的新学科便呱呱坠地了。

开创生化遗传学

比德尔是一位遗传学家,他早年用玉米和果蝇做材料研究遗传学已经有不少建树。但是,他开始从生物化学角度去研究遗传规律,发现果蝇眼睛的颜色和遗传有关,而基因是通过控制体内的生物化学变化来决定遗传特征的。然而,在深入研究时,由于果蝇的结构实在太复杂了,养起来也挺费事,他不得不改而采用一种叫作红色面包霉(学名叫脉孢菌)的微生物来做材料。因为这种微生物不仅繁殖方式简单,而且生长迅速,可以在几天内就看到遗传特征在下一代中的变化。他用 χ 射线处理红色面包霉,使它的基因改变,再观察它的生物化学变化的改变。结果他和同事们一起发现,生物体内的生物化学反应都是由基因一步一步控制的，不同的基因控制着不同的生物化学反应，这些反应是由不同的酶催化的，而酶的形成和表现活性是由不同基因控制的，提出了著名的"一个基因一个酶"学说。从此，一门生化遗传学诞生了，为以后确定遗传的物质基础，即基因的本质开辟了道路。比德尔和他的同事们为此获得了诺贝尔奖。

对搞科学的人来说，勤是成功之母！

——茅以升：《全速前进》

名句箴言

微生物与工业

地球从诞生到现在已经有 46 亿年了，微生物在地球上的出现也有 32 亿年了，而人类的历史只有 300 万年，微生物在地球上的发展史比人类长了 1000 多倍。打个比方，如果人类的历史是 1 年，微生物的历史就是 1000 多年。实际上在人类发展的历史过程中，微生物一直在伴随着我们。

远古时代,当人们采集的水果和谷物食物有了剩余的时候,在储存过程中发生了变质,有些腐烂了,有些会发酵了,有些变成了"酒",人们在食用这些食物时发现了发酵食品的"美味"和"酒"的"神奇"作用,他们会逐渐地有意无意地利用这种现象,经过长期的实践,慢慢地学会了发酵食品和酿酒。在公元前 2400 年间,即埃及第五王朝的墓葬壁画上就有烤制面包和酿酒的大幅浮雕;从我国的"黄帝内经素问"和"汤液醪醴论"的文字记载可知,我国的酿酒起源于公元前 2200—前 2600 年,已经有 4000 多年的历史。从考古挖掘出来的用于盛酒、煮酒和冲酒的青铜器等判断,其历史至少起源于 4000 多年前的"龙山文化时期",甚至是 5000—6000 年前的"仰韶文化时期"。可见酿酒已有相当长的历史。我国的酱油酿造开始于周朝,距今已有 3000 年的历史。在汉武帝时代开始有了葡萄酒,至今已有 2000 多年的历史。真正的发酵后经过蒸馏生产的白酒大概始于宋代。发酵是利用微生物的作用使谷物食品的营养和风味更丰富,如馒头和面包;酿酒是将果汁,如葡萄糖汁中的或由淀粉产生的糖,通过微生物酵母菌的作用,发酵成为酒;它们是真正的微生物生产的产品。

虽然人们利用微生物已经有很长的历史,但人们并不了解它。直到 17 世纪末,作为一个公务员的列文虎克,他的业余爱好是吹玻璃,磨玻璃和进行精巧的金属加工工作,一生制作了 419 架显微镜,最大的放大倍数达到 266 倍。他利用这些显微镜观察了许多动物、植物和微生物材料,1676 年他首次在显微镜下看到了细菌,并于 1695 年根据大量的观察结果写成了"安东·列文虎克发现的自然世界秘密"一书,书中他把发现的微生物称为"微动体"。当时尽管人们在有意无意中的在利用微生物为自己生产许多产品,但人们并不理解有微生物的存在。列文虎克的发现和他开创的"微动体"世界并没有得到持续地深入研究。

到 19 世纪初期,德国人若波特·考史首先用固体的培养基分离得到了微生物。由于高质量的显微镜的问世,对微生物世界的探讨再度得到发展。法国伟大的科学家巴斯德对"酒病"、蚕病、牛羊炭疽病、鸡霍乱病和人的狂犬病进行了大量研究,使人们真正认识到大量的传染病的病因、有机物的腐败和酿酒与发酵的原因均与微生物有关。1857 年巴斯德证明发酵是由于微生物的作用。荷兰人汉森研究啤酒发酵的酵母,创造了单细胞纯种培养方法。1879 年巴斯德等发现通气有利于酵母的生长,首次使用通气法生产酵母。1881 年焦金森利用汉森的方法选择优良的酵母菌株用于啤酒发酵,同年阿瓦瑞利用乳酸菌生产乳酸。1894 年日本的高峰利用米曲霉制造了高峰淀粉酶。1897 年布史讷证明酶在发酵中的作用,为现代微生物应用奠定了牢固基础。随着人们对微生物的深入了解,人们找到了控制和防治有害微生物的方法，以及利用微生物为人类生产各种产品的方法，真正地将微生物学推向一个理论联系实际的新阶段。

进入 20 世纪，微生物学和微生物应用获得巨大发展，早期利用固体培养基进行的所谓固体发酵技术有了较大发展，利用微生物发酵生产的产品迅速增加。1910 年在英国利用丙酮丁醇梭菌实现了丙酮丁醇的生产；1917 年卡瑞以糖为原料使用浅盘发酵法生产柠檬酸；1938 年迈采用浅盘和深层培养法生产葡萄糖酸获得成功。特别是 1928 年英国的弗莱明发现在培养葡萄球菌的平皿中，在青霉菌污染的周围没有葡萄球菌菌落生长，这表明青霉菌能够分泌一种杀灭葡萄球菌或防止葡萄球菌生长的物质，他把这种物质称为盘尼西林。后来证明它具有治疗作用，经英、美科学家的努力，创立了深层液体通气培养法，又称为深层培养法，解决了空气和液体培养基的灭菌以及其他相关的许多技术和设备问题，在 1942 年实现了盘尼西林的工业生产。

盘尼西林的发现和工业化生产为现代发酵工业的发展奠定了基础。继盘尼西林之后，发现了大量的抗生素，目前在临床上应用的抗生素有近百种，它们为人类的健康和人类平均寿命的大幅度增加作出了巨大贡献。抗生素工业已经成为一个重要的工业部门。在 20 世纪的后半个世纪里，一个包括抗生素工业，氨基酸工业，有机酸工业，维生素工业，酶制剂工业等在内的现代发酵工业迅速崛起。

　　20 世纪 80 年代之后，由于生物技术，特别是基因工程技术的迅速发展，将能够产生各种药物的外源基因转移到微生物中，获得基因工程菌，利用工程菌的生长快，容易大规模培养，生产产量高的特点，进行"借腹生子"，生产微生物不能生产的产品，如各种药物。或利用基因工程技术改造、提高微生物的生产能力，用于更廉价的生产产品。随着生物技术的进步，微生物发酵工程，生物反应器及酶工程的迅速发展，20 世纪 90 年代形成了以微生物为"载体"的生物技术为核心的生物技术产业。它涉及医药，食品，轻工，化工，农业，环境等众多产业部门，成为与人们生活，健康，环境密不可分现代产业。

名句箴言

如果你希望成功，当以恒心为良友，以经验为参谋，以当心为兄弟，以希望为哨兵。

——爱迪生

微生物与环境保护

现代工业给人们的生活带来极大的方便及舒适，但也不可避免地影响着环境及环境中的微生物。例如，为了追求粮食产量，现在世界各国都大量使用化肥和农药（杀虫剂、除草剂），而化学肥料和农药的大量使用就容易改变土壤酸碱度及成分，造成土壤中各类微生物的种类和组成发生变化，严重的可导致土壤板结,使土壤肥力降低。而农药通常不仅杀死有害昆虫等,田间的有益生物也在劫难逃。而且有的农药极难被降解,在环境中的残留时间很长,一代代积累,对环境造成极大的破坏。

微生物个体微小、繁殖迅速、数量巨大、代谢能力强速度快、易于突变,它们较其他生物更易适应环境。当环境条件发生变化,例如有新的化合物存在时,某些微生物能逐步发生改变以适应环境的变化。它们可能通过自然突变形成新的突变种,也可能通过在细胞内产生新的功能而适应新环境。因此微生物对环境中污染物具有非凡的耐受力,它们可以分解这些污染物,甚至利用分解形成的产物作为生长的营养物。这些特征使得微生物成为降解环境中污染物的主力军。

当前已知的环境污染物质达数百万种,其中包括有机污染物,如塑料、尼龙、农药(杀虫剂、除草剂)、染料等,抗生素类,石油及石化产品类等等;无机污染物有氨、硝酸盐、汞、砷等等。这些化合物大部分是自然界原来没有的人工合成的化合物。它们不仅会伤害各种生物,而且多数会危害人类的健康,不少还是强致癌物,或者引起孕妇产出畸胎。所以它们在环境中的积累会破坏原有生态系统的平衡。在自然条件下,许多人工合成的大分子化合物,例如大多数塑料薄膜,各种染料和农药不能被微生物分解,即使能降解,速度也很慢,可能要上百年,甚至几百年才能分解光。当今,无数废弃的塑料给环境增添了一道令人厌烦的景观,被称做"白色污染"。因为这些难分解的人造化合物不仅影响环境的美观,更重要的,是它们进入土壤中,会严重影响土壤的透气性,破坏微生物生态系统的功能,阻断了微生物生态系统中的正常的物质、能量和信息的流动与转化,使种植的庄稼大幅度减产,如果被动物吃进消化道,很可能会送命。

要消除这些污染物,要靠全社会各行业共同做长期的努力。环境微生物学家从几十年前就开始利用各种微生物来治理环境,恢复被破坏了平衡的生态系统。他们选择到了各种能分解污染物的微生物,已经在治理环境中发挥着重要作用。现在人们通过生物技术,把有各种分解能力的微生物的基因组合到某种微生物中,构建出形形色色的"工程菌",这些"人造的微生物"比天然的微生物有高得多的分解效率,从而为治理环境污染物提供了重要的工具。

微生物在与环境污染物的相互作用中不是完全被动的,很多微生物在与环境的相互作用有积极主动的一面。例如微生物对严重污染环境的金属铬,镉、汞(水银)等产生抗性,就像不少致病性细菌对盘尼西林具有抗药性一样。微生物为什么能抵抗重金属毒性呢?一般来说原因不外乎下面几种:

第一，减少吸收，使微生物细胞内的重金属含量保持在很低的水平而不产生对细胞的毒害作用。如一种金黄色葡萄球菌对镉的抗性就是如此。

第二，增加排出，有些微生物可以通过主动的方式把细胞内的重金属离子排出细胞外，从而维持细胞内的低含量水平。如一种芽孢杆菌对铜的抗性。

第三，氧化还原作用，很多微生物可以通过氧化作用或还原作用（多数情况）把重金属从毒性较高的价态转变成为毒性较低的价态，从而解除了重金属的毒性。例如对汞的抗性即是如此，自然界中有很多微生物（大肠杆菌、假单胞菌、芽孢杆菌等等）可以把高毒性的阳离子汞还原成为低毒的元素汞，形成沉积或挥发到大气中。另外，自然界还有些微生物（大肠杆菌、芽孢杆菌等）可以将高毒的铬还原成为低毒的铬，从而达到解毒的作用。这一原理被应用于电镀废水的生化处理。第四，在细胞外产生可以结合（包括细胞表面吸附）有毒重金属离子的结合物，从而减少环境中毒性重金属的浓度，达到解毒的目的。如大肠杆菌的抗铜作用即是如此，它可以分泌能结合铜离子的蛋白质，从而降低了环境中铜离子的有效浓度。另外，很多微生物还可以产生硫化氢，而这种化合物可以和各种重金属离子结合。例如有一类可以把硫酸盐还原成硫化氢的硫酸盐还原菌，它们产生的硫化氢可以把环境中的铁离子固定起来，从而减少对环境的危害。

　　第五,吸附作用,很多微生物的细胞表面有特殊结构,这些结构可以吸附重金属离子,从而达到减少溶液中重金属离子的浓度。例如有些酵母菌可以吸附如铅、金、银、镍、铀等很多重金属,或它们的离子,吸附的重金属之多,甚至可以相当于细胞重量的90%。科学家已经应用微生物的这一特性,成功地从各种含有重金属的废液中回收银、金、铀等贵重金属,既治理了环境,而且变废为宝。

　　许多有机污染物本来是作为杀虫剂、杀菌剂、除草剂、防腐剂等等而被开发出来,并大量生产和广泛使用的。它们也是人工合成的本来在自然界不存在的化合物,被称为"生物外源性物质"。一般来说,它们都是有毒的。它们的使用给工农业生产带来丰收的同时,也广泛地污染着环境。它们可以杀菌或防腐,说明它们对微生物也是有毒有害的,主要表现在以下几个方面的作用:

　　(1)造成微生物细胞的裂解,如洗涤剂等表面活性剂;

　　(2)破坏微生物细胞的能量代谢作用,许多农药有此作用;

　　(3)抑制微生物细胞各种酶的活性,导致微生物死亡,许多农药有此作用;

　　(4)作为蛋白质变性剂使微生物细胞中的蛋白质变性而死亡,许多洗衣粉和农药有此作用;

（5）破坏微生物细胞中金属蛋白和金属酶的功能，金属螯合剂有此作用；

（6）破坏微生物细胞的遗传物质，许多强化学诱变剂如硝基类化合物等有此作用；

（7）抑制微生物细胞合成功能蛋白，如许多农药可以干扰或破坏细胞内的蛋白质合成。

相对于生物的进化历史来说，有些有机污染物被释放到环境中的时间是非常短暂的，微生物与之相互作用的时间就更短了。但是农药等生物外源性物质的广泛使用和对环境的污染，增加了微生物生存环境中的不利因素，用科学术语来说，就是增加了微生物进化的选择压力。这起到了促进微生物的物种发生改变和进化的作用，因为"适者生存"，只有那些发生了对微生物本身存活有利的突变（如抗药性、转化能力、降解活性）的微生物，才能继续存在于自然界中。人类最感兴趣和有可能加以利用的微生物的新特性，正是它们对生物外源性物质的转化和降解作用。

名句箴言

科学的未来只能是属于勤奋而又谦虚的年轻一代。

——巴甫洛夫

微生物与人类健康

人和动植物都会患病，但不是所有的疾病都是由微生物引发的。例如血吸虫病是较高等的软体动物引起的，肺癌多半由环境因素（如吸烟）造成，流血不止的血友病则是遗传性疾病。虽然今天不是由微生物引发的疾病，例如癌症、心血管疾病和中风等在人类死亡原因中的比例逐年在增加，然而大量致病微生物却仍然给我们的生活带来了极大的危

117

害。每位读者都有生病的经验，但不一定了解为什么会生病。致病微生物引起的疾病，即传染病种类繁多，我们在这里将重点讨论这类疾病的发生，传播及怎样避免和治疗它们。这是医学微生物学的任务，也是微生物学的首要任务。

病原菌包围着人类

要了解微生物引起的传染病，先要了解引起疾病的微生物的来源。微生物无处不在，前面介绍微生物的分布时已经讲到，这些微生物就在我们的周围。微生物广泛分布在所有生物体表和体内，甚至我们人体的许多部位都存在着微生物。我们把它们称为寄生物，因为它们是靠它们所寄生的生物体，即宿主生存的。虽然呱呱坠地的婴儿体内几乎是无菌的，仅带有从母亲子宫获得的细菌，但是出生 2 小时后他便从母乳中获得乳杆菌，在 24 小时后，婴儿排出的每克粪便中便可以检测到上亿个大肠杆菌，3 天后各种细菌便开始定居在体内。成年人体的皮肤上和鼻腔中几乎都有葡萄球菌；口腔中都有链球菌；咽喉部位有链球菌，甚至有脑膜炎奈瑟氏菌，还是大量病毒的避风的港湾。这些微生物中有相当一部分是不会引起疾病的，但是我们称它们为正常菌群，因为这些寄生物在正常情况下与宿主相安无事，互相适应，而且各种微生物之间也相互制约而保持一个彼此共存的状态。任何一种自然界的生物,如果体内连一个微生物细胞都没有是不可能的,除非采取特殊的办法繁殖。当长期不洗澡或洗脸不认真时,就可能由细菌或霉菌在身上或脸上引起皮疹,发炎,继而流出大量的脓和污物;皮肤大面积烧伤或黏膜破损时,葡萄球菌便会侵袭创伤面而大量繁殖,引起创伤发炎溃烂;当机体着凉或疲劳过度时,在健康人的呼吸道一定能分离到的,造成典型肺炎的肺炎链球菌。它们会引起咽炎和扁桃体炎。龋齿是牙齿腐坏的一种常见形式,可能主要是由于正常菌群的稳定性被破坏而使某些厌氧细菌造成的。特别要提到的是所谓"水土不服",即许多人新到一个地方品尝美味佳肴后大倒胃口,发生腹泻。产生这种疾病多半是由于患者到达这个新地方后,由于最初几天饮食不慎,通过饮水或其他途径使患者肠道内增加了某些新的微生物,它们与原来居住在患者肠道内的微生物的协调关系没有建立起来,某些可能致病的细菌大量繁殖,因而引发类似痢疾的症状。虽然可能发生伤寒和副伤寒,但大多数游客们所患的水土不服并不是由恶性致病菌造成的,而是那些在当地无害的普通细菌寄生在那些没有免疫力的旅游者身上所致。如果长期服用抗生素,杀死了肠道内的许多细菌,而某些不能被抗生素杀死或抑制,可能致病的微生物大量繁殖,也会引起疾病,医学家把这类病因叫作"菌群失调"。

对于水土不服,其实并没有什么办法能够避免接触这些微生物,所要做的仅仅是尽量少接触它们,避免非微生物引发的肠道功能紊乱,在没有什么痛苦的情况下建立常规防御系统。具体措施就是,在初到一个地方的头几天不要饮食过量,少喝些当地的水,选择新鲜烹调的菜肴,水果要洗净等。如果能这样做,几天以后,这些旅游者便可以津津有味地大嚼当地的美食,而不必担心肠胃不适了。

传染病是微生物与宿主相互作用的结果

传染病是寄生物和宿主发生相互作用造成宿主身体某部分损伤和不适,因此传染是一个寄生过程。在这个过程中,一种微生物侵入宿主的某一部位并且大量繁殖,破坏了宿主与原有微生物的平衡关系,便引起宿主产生疾病。

人体对微生物的入侵和繁殖并不是听之任之的。当一种微生物侵入宿主并大量繁殖时,宿主自身的生物防御功能会被激发,事实上人体至少对微生物的致病至少有四道防线。第一道防线是宿主的皮肤和黏膜,它们除可以作为一道机械的屏障外,皮肤上的汗腺、皮脂腺,胃和鼻腔黏膜以及唾液、眼泪中都含有一种称为溶菌酶的酶,它能够溶解许多细菌,同时,生活在皮肤上的一些正常菌群产生的物质也可以在一定程度上抑制某些致病菌的生长,例如有种丙酸杆菌产生的脂类化合物可以抑制金黄色葡萄球菌和酿脓链球菌的生长。第二道防线是一组统称为干扰素的物质，它是由被病毒感染的细胞产生的干扰病毒生长的蛋白质。第三道防线是血液中存在的白细胞，它很像变形虫，其中一些称作巨噬细胞，可以吞噬并消化任何外来的微生物，还能够在免疫反应中起协同作用，即使一个小伤口也会吸引这些巨噬细胞聚集到伤口周围来防范感染，我们常常在伤口看到化脓，脓实际上是"宿主卫士"白细胞在抵抗微生物侵入时牺牲后的尸体。在高等动物还有最后一道防线，即一整套免疫器官，包括中枢免疫器官和外周免疫器官，前者如骨髓、胸腺，后者如淋巴结和脾脏等，它们可以在需要时产生后备巨噬细胞。

在上述防御系统没有阻挡住微生物大量繁殖时，微生物便进入血液并繁殖起来，在短时间数量便超过亿万个，这时巨噬细胞寡不敌众，败退下来。随后患者病情加重，如果这些致病微生物产生致命的毒素，那么患者很可能就一命呜呼了。倘若病人恢复健康了，那是因为人体的第四道防线发挥了作用，即宿主的免疫系统击退了来犯之敌。

遗传密码的被揭露，中心法则的确立，基因对酶的调节控制等分子生物学的基本原理都与微生物学有密切的关系。在确证 DNA 是遗传物质基础的漫长过程中，微生物充当了不可替代的角色。此后，分子生物学的每一个重要发现几乎无不是用微生物来达到的。其中结构简单，生长迅速的大肠杆菌立了头功。

在沃森和克里克提出 DNA 双螺旋模型后，麦舍逊等在 1958 年用大肠杆菌作材料，利用同位素技术第一次证实了 DNA 作为模板进行"半保留复制"的假说。人们开始有了从分子实体上了解遗传特性传递的规律，知道为什么能够"种瓜得瓜，种豆得豆"，上一代的特征可以遗传给下一代。同样，主要用大肠杆菌和它们的噬菌体证实了由 DNA "转录"成 RNA，再"翻译"

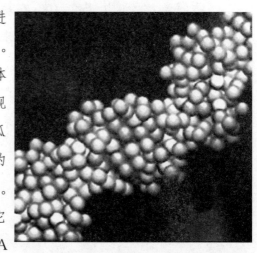

科学家绘制的 DNA 图

成蛋白质的"中心法则",确定了组成 DNA 分子的核苷酸如何决定蛋白质的结构,提出了"遗传密码"的概念,后来尼伦伯格等人发现并从微生物细胞中提取出生物合成核酸所必需的核苷酸酸聚合酶,在试管中实现了遗传密码指导的蛋白质合成。随即编出了组成蛋白质的 20 种氨基酸的遗传密码。在此过程中,一批科学家还用微生物进行生物化学研究,确定了在生物体内发生的许多新陈代谢过程。

1975 年 3 位美国科学家荣获诺贝尔生理学医学奖,因为他们证实在一些癌病毒和艾滋病毒中存在从 RNA 到 DNA 的逆转录过程,并发现了催化这个过程的逆转录酶。使人们认识到生命世界的遗传信息传递不是单一的,有时竟是相反的。这个发现不仅有重大理论意义,而且为后来的基因工程准备了更为有效的手段。20 世纪 80 年代,科学家们又在病毒中发现了具有催化功能的 RNA,被称为核酶。所有这些新发现,立即被用到了从 20 世纪 70 年代兴起的基因工程研究和应用中,大大推进了生命科学和生物技术的发展。

随着现代工业化的飞速发达,我们的地球正在经历环境危机,城乡垃圾成山,臭气冲天;江河湖海水质恶化,鱼虾稀少;城市空气污浊,酸雨频繁。由于地球正常生态环境的不断遭到破坏,现在越来越多的人关注我们生存的环境,各国政府都把环境治理作为重要而艰巨的任务。

微生物的生命活动不仅是维持地球正常生态环境不可缺少的成员,而且在环境的保护和修复已经遭到破坏的环境中担负着重要的作用。微生物在治理环境污染和保护环境的艰苦工作中,微生物将以它无所不能的巨大力量助我人类一臂之力。

微生物学作为一门科学,已经走过了100多年的历史,20世纪微生物学的成就深刻地改变了人类的生活。展望未来,我们依旧满怀信心。未来的100年仍然会有许多激动人心、影响深远的重大发现,我们今天所知的微生物世界有许多谜底没有破解,还有成千上万的问题无法解决,对某些看来似乎简单的对象我们实际上还一窍不通。例如即使花费了数百亿美元也对付不了一个小小的艾滋病毒,从一个侧面反映了微生物学家今天的尴尬处境。相对于占地球生物总重量60%,大部分微生物还不为人所知的现状,微生物学家实在没有理由志得意满。在未来,我们不仅要从深度和广度两方面在地球上展开不懈的探索,还要在太空中施展微生物学家的本领。

微生物研究的应用与贡献

在本世纪微生物学家面临着分子生物学和生物技术发展的挑战,出现了有关微生物学命运的争论,一部分人声称"微生物学已经死亡",另一部分人则坚定地高呼"微生物学万岁"。但是微生物学毕竟已经是一门树大根深的重要学科,面对新出现的和死灰复燃的病原微生物,面对爆炸性的人口增长和人类无法遏制的物质精神需求,微生物学必然兴旺发达。